KB038370

미처 몰랐던 우리 역사

한국의 마애불

미처 몰랐던 우리 역사

한국의 마애불

| 목차 |

2장. 역사 속 마애불
마애불 뒤에 숨은 역사의 흔적을 보다

3장. 인생 속 마애불

마애불에게 인생의 길을 묻다

"마애불이 뭐예요?" 사람들이 나에게 물었다. 마애불이라는 단어가 생소했기 때문이다. 그 뜻을 말해 주면 "왜 하필 마애불이냐?"고 반드시 되묻는다. 사람들은 우리나라의 많은 문화재 중에서 범위가 좁고 잘 알려지지 않은 마애불을 선정한 이유를 궁금해했다.

오래전 생각보다 힘든 산길을 올라가 길 끝에서 만난 마애불이 있었다. 마애불은 바위에 서툰 솜씨로 새겨진 데다 얼굴도 못생겼다. 하지만 햇빛 속 마애불의 밝은 미소를 보는 순간 그동안의 고단함은 사라지고 왠지 모를 편안함이 가슴 속 깊숙이 파고들었다. 그렇게 마애불과의 교감이 인연이 되어 나의 마애불 답사 여행은 시작되었다. 나의 여행에는 마애불을 보면서 느끼는 독특한 아름다움에 쉼, 치유, 희망 찾기라는 의미가 더해진다.

마애불은 종교적인 목적으로 바위나 암벽에 새겨진 부처나 보살의 모습 등을 말한다. 삼국 시대에 새로 도입된 불교가 기존의 산악숭배 사상, 바위 숭배 사상 등의 토착 신앙과 융화되어 생긴 결과물이 마애불이다.

자연의 암벽이나 바위에 조각된 마애불은 낮에는 해, 밤에는 달과 별을 조명 삼아 자신의 아름다운 모습을 보여 준다. 또 햇빛 속에서는 선명한 아름다움이 극대화되고 휘영청 밝은 대보름 달빛 아래서는 총총한 별빛과 어우러져 은은한 아름다움이 돋보인다. 그리고 박물관의 냉난방 시설 등 인위적인 보호와는 달리 마애불은 꿋꿋이 바람과 눈, 비를 맞는다. 옆에서 벗이 되어 주는 나뭇잎의 속삭임, 지나가는 새들, 계절마다 피어나는 이름 모를 풀꽃과 어울리면서 계절의 변화도 함께한다.

　　자연 친화적인 아름다움을 가진 마애불 뒤에는 많은 이야기가 있다. 마애불이 가지는 또 다른 가치이자 의미이다. 이야기는 마애불과 함께 새겨진 명문, 마애불과 관련된 직·간접적인 기록이나 전설 등을 바탕으로 펼쳐진다. 또 마애불을 조사 분석한 최근의 연구들은 이야기에 사실적인 날개를 달아주고 여행 중 에피소드나 경험은 이야기를 더 현장감 있게 해 준다.

　　많은 이야기를 품고 있는 마애불은 오래전 여러 계층의 다양한 모습을 보여준다. 대부분의 이야기가 서민의 삶을 중심으로 전개된다. 하지만 어떤 이야기에서는 당시의 시대적 상황과 함께 왕, 장군, 관리 등 리더의 철학과 고뇌도 느낄 수 있다.

　　제1장은 따뜻한 미소로 서민의 고된 삶을 어루만져 주었을 생활 속

마애불 이야기이다. 마애불에서는 옛사람들이 느꼈을 인생의 희로애락에 대한 감정을 찾을 수 있다. 생활 방식은 달랐지만 삶을 바라보는 눈은 예나 지금이나 큰 차이가 없다. 그래서 마애불에는 무병장수를 기원하는 사람, 돌아가신 어머니의 극락왕생을 기원하는 효자, 자식이 없어 애절한 아낙, 나룻배를 젓고 다니는 뱃사공, 호국 의지를 불태우거나 심한 가뭄 때 비를 기원하는 사람, 좀 더 나은 미래 세상을 바라는 사람들의 염원이 담겨 있다.

제2장은 마애불 뒤에 숨은 역사 이야기이다. 시대적 배경은 다양하다. 마애불이 불교를 국교로 삼았던 삼국 시대, 통일신라 시대, 고려 시대뿐만 아니라 유교를 통치 이념으로 삼았던 조선 시대에도 만들어졌기 때문이다. 후삼국 시대의 치열했던 통일 전쟁 상황이 반영된 마애불, 고려가 황제국임을 보여주는 마애불, 고려 말 왜구 침입의 역사와 함께하는 마애불, 어린 조카의 왕위 찬탈을 당당하게 드러낸 조선 초의 마애불, 서구 열강에게 둘러싸였지만 힘차게 출발하는 대한제국의 모습이 반영된 마애불 등이 있다.

제3장 인생 속 마애불에서는 마애불을 통해 생각해 보는 인생 이야기이다. 책의 이야기를 끌어가는 기본 바탕은 '희망'이다. 희망은 트로이와의 전쟁에서 승리했던 그리스 연합군의 율리시스 왕이 바다의 신 포세이돈이 던지는 온갖 시련을 견디고 마침내 집으로 돌아간 오디세이의 원천이었다. 우리는 굴곡 많은 인생의 길 위에서 뜻을 이루기 위해 희망

을 놓지 않고 살아가는 것이 아닐까? 그리고 포용, 화합 등도 책에 담았다. 마애불에는 서민의 삶의 애환, 통일 전쟁에서 승리한 자와 패망한 자, 강력한 왕권 강화를 추구했던 아버지 황제와 나약했던 아들 황제, 왕권을 찬탈한 자와 이를 비난했던 자 등 대비되는 두 세력의 모습이 담겨 있다. 인생에서 별이 된다는 것, 인연, 모든 것은 마음먹기에 달렸다, 큰 바위 얼굴의 의미, 희망의 속삭임 등의 글은 현재를 사는 우리에게 마애불이 주는 교훈이다.

마애불은 전국에 200여 개가 있다. 책에서는 이야기 유형별로 모두 23개의 마애불을 골라 소개했다. 원고는 2015년 3월부터 10월까지 '조선닷컴'에 연재했던 기사를 골라서 수정·보완하고 새로 추가해 완성했다. 23개의 마애불 외에도 적지 않은 수의 마애불이 '보충 내용' 안에 들어가 있다. 그리고 부록에는 전체적인 이해를 돕기 위하여 전국의 마애불을 지역별로 요약하여 정리해 두었다.

몇 년 전, 자신이 죽기 전에 해보고 싶은 일을 정리한 버킷 리스트 Bucket list가 유행한 적이 있었다. 마애불 답사 및 기록 정리는 훨씬 이전부터 해왔던 나의 버킷 리스트 중 하나였다. 다른 조그만 리스트에 비해 오랜 시간이 걸리고 육체적으로도 매우 힘든 프로젝트였다. 그래도 중도에 포기하지 않고 끝까지 마무리할 수 있어서 많은 보람을 느낀다.

이 책은 학문적 논쟁보다는 직접 발로 뛴 경험과 기존의 연구 자료를 바탕으로 마애불을 소개하는 데 중점을 두고 있다는 점을 알아주었으면 한다. 많이 부족하지만 지금도 마애불의 한국적 아름다움과 그 뒤에 숨은 이야기를 찾아내서 공유하고자 하는 마음은 변함없다. 마애불이 대중에게 널리 알려지지 못했지만, 책 출간을 통해 마애불을 이해하고 사랑하는 사람이 많아졌으면 하는 바람이다.

끝으로 10년 이상의 적지 않은 시간 속에 직접 발로 뛰면서 쌓아온 자료들이 책으로 출간될 수 있도록 격려해 주고 지원해 준 친구와 선후배, 아내에게 감사의 말을 전한다. 그리고 글이 출판될 수 있도록 도와주신 달아실출판사 윤미소 대표님과 박제영 편집장께도 감사드린다.

2019년 9월
최복일

일러두기

1. 마애불은 자연의 암벽이나 바위, 판석, 돌기둥에 새긴 것 등으로 구분하고 있으나 책에서는 자연의 암벽이나 바위에 새겨진 것을 중심으로 소개했다.

2. 마애불 명칭은 문화재청에 나온 것을 참조하여 작성했다. 용어 통일을 위해 다음과 같은 기준을 적용했다.

   ① 여래, 불상, 불 등의 표현은 불佛로 통일했다.
   ② 약사불, 미륵불 등 부처의 종류나 좌상, 입상 등의 자세가 포함된 명칭이라도 '마애불'로 통일했다. 대신에 필요하면 본문에서 부처의 종류나 자세 등을 설명했다. 그리고 같은 장소에 명칭이 동일한 두 개의 마애불이 있는 경우에는 구별하기 위해 부처의 종류나 자세 등을 명칭에 넣었다.
   ③ 보살도 부처와 마찬가지로 명칭에 보살의 종류나 자세 등이 포함되어도 '보살'로 통일했다.
   ④ 단, 인용 자료나 참고 자료의 제목에서는 원래의 명칭을 그대로 사용했다.

3. 조성 연대는 학자나 연구기관마다 다소 차이가 있다. 특히 큰 차이가 있는 몇몇 경우는 그 내용을 모두 표시했다.

4. '마애불별 답사 난이도'는 주차 후 걷는 시간과 길 찾기 어려움 등을 고려해 5단계로 나누었다. 쉬움(★)은 도심이나 마을 내에 있는 경우, 다소 쉬움(★★)은 산 입구에 있거나 산 중턱이나 정상에 있지만, 주차 후 걸어서 약 10분 이내에 도착할 수 있는 경우이다. 걸어 오르는데 30분 미만이 걸린다면 무난함(★★★), 30분~1시간 정도는 어려움(★★★★), 1시간 이상이 걸린다면 매우 어려움(★★★★★)으로 평가했다.

5. '아름다운 마애불을 볼 수 있는 시간'은 계절에 따라 1시간 정도 차이가 있을 수 있다.

따뜻한 미소로
고된 삶을 어루만져 주다

1
경남 거창 가섭암터
마애삼존불

어머니는 죽지 않는다

언제 어디서 불러 보아도 그리운 이름, 어머니

얼마 전 밤늦은 시간에 우연히 텔레비전에서 영화 「어머니는 죽지 않는다」를 보았다. 이제는 고인이 된 최인호 소설가의 동명 소설을 영화로 만든 것이었다. 잘 알려지지 않은 영화인 데다가 최인호 씨의 작품으로는 생소했다.

작가 어머니에 관한 이야기라고 생각하면서 보는데도 나도 모르게 눈물이 흘렀다. 언제, 어디서 불러 보아도 그리운 이름은 어머니다. 소설은 돌아가신 어머니에 대한 작가의 사모곡思母曲이었다. 살아서 어머니의 끝없는 사랑을 깨닫지 못하는 자식이 얼마나 많은가? 돌아가신 어머니에 대한 사모곡은 나중에 어머니의 사랑을 깨달은 자식에 의해 글로, 노래로, 영화로 표현된다. 이렇듯 돌아가신 어머니에 대한 사모의 정으로 표현된 마애불이 경남 거창의 금원산에도 있으니 찾아가 볼 만하지 않은가?

마침 가는 날이 장날이던가? 점심때가 지난 거창 버스에 5일장에서 집으로 돌아가는 할머니들이 오르기 시작했다. 할머니들은 집에서 키운 채소 등을 팔고 필요한 것을 한 보따리씩 사서 머리에 이거나 손에 들고 있었다. 보따리가 무거운 듯해서 버스에 오르는 할머니들을 도와주고 있는데 버스 기사도 느긋하게 기다려 주었다. 자주 보아서인지 승객과 기사가 가족처럼 인사하기도 했다. 어느새 버스 안은 꽉 찼다. 장날 버스 안은 할아버지, 할머니들끼리 그동안의 정보를 주고받는 정겨운 커뮤니티 공간이 되었다. 서로 인사도 나누고 서울에 사는 누구 집 아들과 딸 이야기 등 다양한 이야깃거리가 오갔다. 하지만 젊은이 없이 노인만 사는 시골 모습을 보고 있자니 좀 안타까웠다. 나는 그들을 할아버지, 할머니로 부르지만 누군가에게는 아버지, 어머니가 아니겠는가?

기괴하고 웅장한 거대 바위에 둘러싸인 가섭암

마애불은 금원산의 지재미골 입구 가섭암터에 있다. 산 중턱의 매표소 옆 버스 종점에 내리는데 청아한 계곡 물소리가 반겨준다. 정신도 맑아진다. 약 15분 정도 걸어 오르니 차가 다니는 도로가 끝나고 산길이 시작된다. 가섭암터에 가까이 가면 길을 가로질러 흐르면서 길을 막고 있는 시냇물이 있다. 마치 세속의 발을 씻고 들어서라는 듯하다. 시냇물을 건너자마자 길 오른쪽에서 길목을 지키고 서 있는 거대 문바위가 눈길을 끈다. 문바위는 넓디넓은 바위 표면에 10월 중순의 따사로운 가을 햇살을 내려 앉히고 있다. 방문객을 맞이하는 여유로운 모습이 정감 있게 다가온다.

마애불 관리사무소 주변에도 거대 바위가 여러 개 있다. 지금은 터로 남았지만, 당시 가섭암의 모습이 정시한의「산중일기」와 화가 김윤겸의 『영남기행화첩』에 전해지고 있다. 「산중일기」는 조선 후기의 학자 정시한(1625~1707)이 62세부터 64세까지 약 3년간 전국의 서원, 절, 명승

迦葉菴

가섭암 입구의 문바위.

조선 후기 산수화가 김윤겸이 그린 가섭암. ⓒ 문화재청   동굴 법당 입구의 거대 바위.

1 정시한, 권오찬·김성찬·이동진 편, 『산중일기 상』(원주시, 2012), 273~275쪽.
2 김길웅, 「가섭암지 마애삼존불에 대한 고찰」, 『신라문화』 제6집(동국대 신라문화연구소, 1989. 12), 133쪽.

지 등을 돌며 작성한 일기 형식의 글[1]이다. 글에는 62세면 쉽지 않았을 나이인데도 고령에 유람을 시작한 열정이 드러나 있다.

화가 김윤겸(1711~1775)의 그림은 가섭암의 모습을 한눈에 볼 수 있게 해준다. 김윤겸은 조선 후기의 산수화가다. 『영남기행화첩』(보물 제1929호)은 조선 영조 46년(1770)에 김윤겸이 지금의 진주 지역인 소촌도에서 역참을 관리하던 찰방으로 근무할 때 그린 것이다. 화첩에는 거창, 함양, 합천, 산청, 부산 등 명승지 14곳이 담겨있다. 화첩의 14폭 중 한 폭이 가섭암迦葉菴이다. 그림은 「산중일기」를 쓴 정시한이 이곳을 유람한 지 약 84년 뒤에 그려졌다. 그림 속 가섭암 역시 높이 솟은 거대 바위에 둘러싸여 있다.

어머니의 명복을 빌며 동굴 법당에 새긴 마애불

관리사무소 옆의 계단 길 50m쯤 올라서면 하늘을 향해 솟은 웅장한 바위가 몇 개 서 있다. 그중에서 두 개의 바위 사이로 만들어진 좁은 계단 길을 10m 정도 오르면 천연 동굴이 있다. 정시한의 글처럼 넓적한 거대 바위 한 개가 두 개의 바위 위를 덮개처럼 덮으면서 자연적으로 동굴이 만들어졌다. 입구는 좁은데 안으로 들어서면 20~30명은 거뜬히 앉을 수 있을 정도로 넓다. 마애불은 동굴 법당 안의 바위에 새겨져 있다.

오후 3시 30분경 동굴 입구에서 가까운 네모난 감실에 먼저 햇빛이 들고 있었다. 감실에는 글자가 빽빽하게 새겨져 있으나 마모가 심해서 알아보기는 어렵다. 기존의 조사 자료에 의하면 21행에, 1행마다 26자씩, 모두 540여 개의 글자로 추정된다.[2] 전체적인 내용 파악은 쉽지 않으나, 명문에서 조성 연대와 조성 목적 등을 알 수 있는 글자 몇 개가 판독되었다. 판독에 따르면 마애불은 고려 제16대 임금인 예종 6년(1111) 10월에, 돌아가신 어머니를 생각하던 조성자에 의해 만들어진 것으로 추정한다. 그리고 명문 중에는 왕이라는 글자가 있어 조성자가 고려 왕실과 관련된 것으로 보기도 한다.

마애불은 명문 옆, 동굴 안쪽에 있다. 시간이 흐르면서 마애불에도 부분적으로 비스듬하게 햇빛이 내려앉고 있었다. 동굴 안까지 빛을 들여보내려는 가을 해의 눈물겨운 노력 덕분일 것이다. 정시한은 「산중일기」에서 동굴 암벽에 세 가섭상이 새겨져 있다고 했다. 실제로 조그만 크기에, 섬세하게 만들어진 마애불은 중앙의 본존불을 중심으로 좌우에 보살이 있는 삼존불이다. 본존불은 손 모양으로 볼 때 아미타불로 조성되었다. 아미타불은 서방의 극락세계를 관장하는 부처로서 죽은 사람을 극락세계로 인도한다. 그래서 이 삼존불은 좌우에 관음보살과 대세지보살로 추정되는 보살을 둔 아미타삼존불이다.

어머니는 죽지 않는다

자식은 어머니 죽음을 애통해하며 아미타불을 새기면서 어머니의 극락왕생을 간절히 기원했을 것이다. 조성자의 효심은 특히 본존불의 촛불 모양 장식에서 잘 나타난다. 촛불은 어두운 동굴 안을 항상 밝히는 상징임과 동시에 고인이 된 어머니를 영원히 추모하는 마음이 반영된 것은 아닐까?

본존불에서 촛불 모양의 장식은 두광(머리 광배)과 대좌에서 볼 수 있

촛불 모양의 본존불 두광.

촛불 모양으로 연꽃잎 5장을 세운 연꽃 대좌.

다. 본존불의 촛불 모양 두광은 보주형이라고 하는데 둥근 원 모양인 두 보살의 두광과 대비된다. 또 본존불이 서 있는 대좌도 연꽃 송이 전체가 아니라, 연꽃 송이에서 한 장씩 뜯은 다섯 장의 연꽃잎을 세워 흔들리는 촛불처럼 장식했다. 이렇게 장식한 대좌는 특이한데 어머니를 여읜 슬픔과 살아 계실 때의 은혜를 생각하는 마음이 짠하게 전해져 온다.

어머니에 대한 추모는 본존불뿐만 아니라 좌우 두 보살의 특이하면서 세련된 패션에서도 나타난다. 다른 곳의 보살처럼 상반신은 옷을 입고 있지 않았으나 하반신의 치마는 아름답고 특이하다. 동굴 안으로 들어선 햇빛에 조그만 물결들이 출렁이는 것처럼 얇고 아름답게 새겨진 치맛자락. 치마 옆에 붙어 있는 물고기 지느러미 장식에서는 돌아가신 어머니를 위해 쏟았을 지극한 정성이 느껴진다.

효심이 담긴 문화유산으로 경주 토함산에 있는 불국사와 석굴암을 빼놓을 수 없다. 1995년에 세계문화유산으로 등록된 불국사와 석굴암은 통일신라 시대의 재상이었던 김대성(700~774)이 만들었다. 『삼국유사』에 의하면 전생에서 가난하게 태어난 김대성은 가진 모든 것을 시주해 현세에서 재상의 아들로 다시 태어났다. 효성이 지극했던 김대성은 전생의 부모를 위해서 석굴암을, 현세의 부모를 위해 불국사를 지었다.

가섭암터 마애불은 석굴암과 불국사의 역사적, 미술사적, 건축사적, 철학적 의미 등과 비교하면 따라갈 바가 못된다. 하지만 돌아가신 어버이의 은혜에 감사하며 명복을 비는 기본적인 효심에는 차이가 없을 것이다. 왔던 길을 되돌아 내려오는데 어디선가 "어머니는 죽지 않는다."라는 외침이 크게 들리는 듯했다.

경남 거창 가섭암터 마애삼존불

✄ **소재지** 경상남도 거창군 위천면 상천리 산6−2_금원산 중턱

✄ **조성 연대** 고려 예종 6년(1111)

✄ **문화재 번호** 보물 제530호

✄ **명문** 있음

✄ **답사 난이도** ★★★☆☆(무난함)

✄ **아름다운 마애불을 볼 수 있는 시간** 동굴 안에 있어 햇빛 드는 모습을 보기 어렵다.

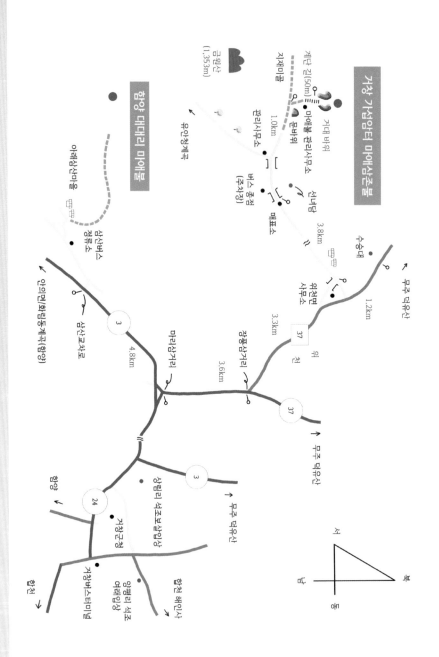

거창 가섭암터 마애삼존불

금원산
(1,353m)

함양 대대리 마애불

지재마을

계단 길(50m)

마애불 관리사무소

거대 바위

문바위

관리사무소

1.0km

선녀탕

유안청계곡

매표소

3.8km

버스 종점
(주차장)

수승대

아래상산마을

위천면
사무소

3.3km

상산버스
정류소

37
위천

1.2km

장풍삼거리

37

3.6km

마리삼거리

4.8km

삼산교차로

3

3

무주 덕유산 →

무주 덕유산 →

무주 덕유산 →

안의면(화림동 계곡)(함양) →

함양 ←

함천 →

24

거창군청

상림리 석조보살입상

함천 해인사 →

거창버스터미널

암평리 석조
여래입상

서

북

남

동

2
경기 안양 삼막사
마애삼존불

오르기도 힘든 산 정상의 마애불에 코가 없네요

다산과 풍요를 기원하던 토속의 남녀 성기 숭배 사상

서울 용산에 있는 국립중앙박물관의 선사관 입구에 울산의 반구대 암각화(국보 제285호)가 확대된 사진이 있다. 호랑이, 멧돼지, 사슴, 고래 등 다양한 동물을 사냥하거나 배를 타고 있는 선사 시대 사람들의 모습이 묘사되어 있다. 자세히 보면 거대한 성기를 가진 남자와 성기가 노출된 여자도 눈에 띈다.

신라관에는 금관, 유리잔, 기마형 토기 등이 있다. 세련된 공예 기술, 수준 높은 문화생활에 감탄하게 된다. 사람과 동물 등을 흙으로 조잡하게 만든 토우도 눈길을 끈다. 그중에는 남자의 성기나 여자의 젖가슴

신라 시대의 남자 토우_성기가 과장되게 표현되었다. ⓒ 국립중앙박물관

이 과장된 모습, 여자가 아기를 낳는 모습 등의 토우도 있다.

『삼국유사』 제1권의 기이 제1편에는 신라 제22대 왕이었던 지철로왕의 음경 이야기가 있다.[3] 지철로왕은 우리에게 지증왕(재위 500~514)으로 알려져 있다. 무려 1자 5치나 될 만큼 성기가 커서 배필을 구하기 어려웠던 왕은 모량부에서 똥이 북만큼 큰 여자를 왕비로 맞았다. 상징적인 이야기지만 거대한 성기가 절대적인 권위를 나타내는 시대의 한 단면을 볼 수 있다.

많은 노동력이 필요했던 선사 시대에는 아이를 많이 낳는 것이 중요했다. 가족 노동력은 농사를 짓고 수렵과 채취를 함으로써 얻는 풍요의 바탕이 되었기 때문이었다. 그래서 성기 숭배는 다산과 풍요의 상징이었다. 이처럼 옛사람들은 바위에 그림을 그리면서, 토우 등을 만들면서

---

3 일연, 김원중 역, 『삼국유사』(신원문화사, 1997), 73쪽.

뿐만 아니라 자연적으로 생겨난 남녀 성기 모양의 바위에도 다산과 풍요를 기원했다. 성기 숭배는 전래의 토속 신앙으로 자리 잡아 왔던 것으로 보인다.[4]

자연적으로 생긴 남근석은 웬만하면 시골 마을에 입석 형태로 하나씩 있으나 남근석과 여근석이 같이 있는 경우는 드물다. 경주 골굴사 경내에 있는 남녀 근석, 경주 남산 삼릉골의 고려 시대 마애불이 새겨진 넓은 바위(여근석)와 바로 옆의 부부 바위(남근석), 전남 영암 월출산의 남근석과 여근석(베틀굴) 정도가 그 예이다. 그리고 서울 근교의 안양 삼막사에도 남근석과 여근석이 함께 있다. 게다가 남녀 성기를 숭배하던 기존의 토속 신앙까지 흡수한 듯한 마애불이 같은 곳에 있어서 눈길을 끈다. 그러니 찾아가 볼 만하지 않을까?

드물게 남근석과 여근석이 함께 있는 삼막사

삼막사에 힘들게 올라서면 주변을 내려다보는 전망이 좋다. 특히 서해 조망은 삼막사에서 볼 수 있는 특별한 볼거리 중 하나다. 맑은 날은 인천 쪽을 바라보면 서해까지 보인다. 통일신라 문무왕 때 원효, 의상, 윤필의 세[三] 스님이 삼막사三幕寺에서 천막[天幕]을 치고 생활했다. 삼막사를 중턱에 안고 있는 삼성산三聖山 역시 세 명의 성인聖人으로 인해 생긴 이름이다.

남근석과 여근석은 경내에서 산 정상으로 300m 정도 올라간 계단길 끝에 함께 있다. 자연적으로 생겨난 것인데도 똑 닮았다. 아주 오래

---

4 김진숙, 「기자(祈子) 신앙과 마애불」, 『역사와 교육』 제15집(역사와 교육학회, 2012.10), 18쪽.

삼막사의 남녀 근석_남근석과 여근석 두 개가 모여 있다.

암벽에 건립된 칠보전_안에 치성광삼존불이 있다.

전부터 바위에는 자식을 원하는 사람이 와서 기원했을 것이다. 바위 하나만으로도 사연을 들어주기에 충분했을 텐데 이렇듯 남근석과 여근석이 함께 있으니 사람들의 기대감은 얼마나 컸을까?

불교에 수용된 조선 후기의 칠성 신앙이 암벽에 새겨진 마애불

남녀 근석을 마주 보고 늘어서 있는 길가 암벽을 끼고 조그만 법당이 있다. 법당 안에 마애불이 있다. 계단을 올라서 법당 문을 열면 어둠 속에 묻혀 있던 마애불의 모습이 드러난다. 마애불은 중앙의 치성광불을 중심으로 좌우에 보살이 있는 치성광삼존불이다. 이때 중심이 되는 치성광불은 불교가 칠성 신앙을 수용하면서 북극성을 부처화한 것이다.

한때 재미 삼아 천칭좌, 처녀좌, 전갈좌 등 자신이 태어난 별자리로 오늘의 운세를 보는 사람이 많았다. 운명이 별자리에 의해 어느 정도 결정된다는 생각을 바탕에 깔고 있기 때문이다. 옛사람들은 별자리 운명을 주관하는 것이 북두칠성이라고 믿었다. 북두칠성에 무병장수와 복을 기원하던 것이 칠성 신앙이다. 칠성 신앙에서 북극성은 중요한 위치를 차지한다. 북극성은 많은 별자리의 기준이 되었고 옛날부터 방위를 구별하는 나침반 역할을 해왔다. 그래서 사람들은 북극성이 북두칠성을 비롯한 많은 별을 거느리고 있다고 믿었다.

칠성 신앙을 불교가 수용하면서 으뜸별인 북극성은 치성광불이 되었다. 북극성을 뜻하는 치성광熾盛光은 가장[熾] 밝게[盛] 빛나는 별[光]이라는 뜻이다. 북두칠성은 칠성불이 되었다. 이후 절에는 칠성각이 생겼다. 칠성각 안에는 치성광불을 모셨고 그림으로 표현한 칠성탱화도

마애치성광삼존불_치성광불을 중심으로 좌우에 일광보살, 월광보살이 있다.

벽에 걸어 두었다. 특히 칠성 신앙은 조선 후기에 유행했다. 암벽의 치성광삼존불도 조선 후기인 영조 39년(1763)에 만들어졌다.[5] 이런 내용이 마애불 하단에 새겨진 명문에 있다. 1년 후, 치성광불을 모시는 법당으로 칠성전이 만들어졌다. 치성광삼존불이 탱화로 남아 있는 경우는 종종 있지만, 우리나라에서 마애불로 남아 있는 것은 유일해 나름의 의미가 있다.

조선 후기 여인들에게 아픔을 참아 가면서 코를 내주었을 마애불

치성광삼존불은 치성광불인 북극성을 중심으로 좌우에 해와 달이 배치되었다. 치성광삼존불에서 해는 일광보살, 달은 월광보살이라는 불교식 이름으로 불린다. 치성광불은 무병장수와 관련된 약사불의 성격이어서 약사불처럼 좌우에 일광보살과 월광보살을 협시로 두고 있다.

치성광불의 왼쪽에 앉아 있는 일광보살은 해가 있는 보관을, 오른쪽의 월광보살은 달이 있는 보관을 쓰고 있으나 구별이 쉽지 않다. 게다가 두 보살은 옷 모양과 주름, 앉은 자세, 합장하고 있는 손 모양도 비슷하다. 반달눈썹, 가늘게 뜬 눈, 도드라진 뺨, 입에서는 아름다운 미소가 흘러나온다. 고민이 있는 사람들이 쉽게 마음을 열 수 있도록 하는 매력이 있다. 그런데 다시 보니 삼존불 모두 코가 떨어져 나가고 없다. 부처님 코를 만지면, 코를 갈아 마시면 아들을 낳는다는 속설 때문이다. 이는 마애불 앞에 있는 남녀 근석이 하였던 기자 신앙의 역할을 마애불이 흡수하면서 생긴 현상일 것이다. 조선 시대 칠거지악의 틀에 매여 고통받으며 자식을 기원했을 아낙들의 간절함이 마애불의 코에 흔적으로

---

5 황수영, 『황수영전집 4 ─ 금석유문』(혜안, 1999), 304쪽.

남아 있다. 마애불이 들어서기 전까지는 바로 앞의 남녀 근석이 자식을 낳게 해 달라는 아낙들의 염원을 들어 주었다. 그러나 마애불이 생기면서 남녀 근석은 마애불에게 그 역할을 물려주고 신기한 볼거리로 전락하였다.

당시에는 아픔을 참아 가면서 코를 내주었을 삼존불이지만 현대에 와서는 삼존불과 남녀 근석 모두 같은 운명을 맞이하고 있다. 밤하늘 별자리에 신 대신 과학이 들어앉고 의학으로 어느 정도 불임을 해결하고 있는 현재, 코 없는 삼존불이 웃는 모습에서는 기자 신앙이라는 이가 한 개 빠진 허전함이 살짝 엿보인다.

경기 안양 삼막사 마애삼존불

⚒ **소재지** 경기도 안양시 만안구 삼막로 478_삼성산 정상 부근
⚒ **조성 연대** 조선 영조 39년(1763)
⚒ **문화재 번호** 경기 유형문화재 제94호
⚒ **명문** 있음
⚒ **답사 난이도** ★★★★☆(어려움)
⚒ **아름다운 마애불을 볼 수 있는 시간** 법당 안에 있어 종일 그늘 속에 있다.

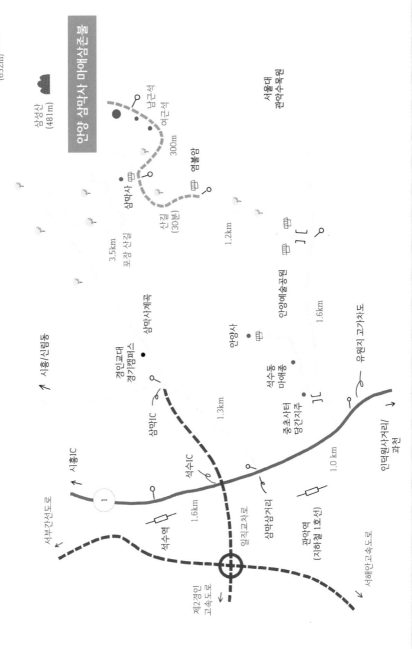

안양 삼막사 마애삼존불

관악산
(632m)

삼성산
(481m)

시흥/신림동

경인교대
경기캠퍼스

삼막IC

삼막사계곡

3.5km
포장 산길

산길
(30분)

삼막사

남근석
여근석

300m

염불암

1.2km

서울대
관악수목원

안양사

안양예술공원

1.6km

석수동
마애종

중초사터
당간지주

1.3km

서부간선도로

시흥IC

석수IC

석수역

1.6km

일직교차로

삼막사거리

관악역
(지하철 1호선)

유원지 고가차도

인덕원사거리/
과천

1.0 km

제2경인
고속도로

서해안고속도로

충북 충주 창동리 마애불과
경기 여주 계신리 마애불

남한강 물길 따라 뱃사공의 희망이 흐르다

굽이치는 강물 따라 뱃사공의 애환이 흐르다

남한강은 옛날부터 사람과 물건을 나르던 주요 뱃길이었다. 뱃사공은 상류에서 강원도와 충청도의 농산물·임산물을 실어 내려갔다. 거꾸로 하류에서는 서해의 소금, 생선 등을 싣고 강 상류로 올라왔다. 뱃사공은 화물과 사람을 실어 주고 운임을 받았다.

뗏목꾼도 남한강을 애용했다. 뗏목꾼은 상류의 산간 지대에서 벤 통나무를 뗏목으로 엮어 하류에서 팔아 떼돈을 벌기도 했다. 또 강원도와 충청도, 경상도 지역에서 세금으로 거둔 곡물도 배를 이용해 수도로 운반되었다.

강에는 사공이 쉬어가는 나루들이 있었다. 나루에는 사공의 배고픔과 외로움을 채워주고 피로를 풀어줄 국밥과 술이 있었다. 이렇듯 뱃사공이 드나들면서 나루에는 자연스럽게 주막, 창고, 시장, 객주, 절 등이 들어서게 되었다. 뱃사공은 많은 돈을 벌기도 했지만, 안개가 끼거나 급류를 만날 때는 죽을 고비를 넘기기도 했다. 강물의 수량이 적을 때는 노를 젓는 데 많은 힘이 들고 배달이 늦기도 했다. 그래서 뱃사공은 집에서 출발하면서, 쉬었던 나루를 나서면서 뱃길의 안전을 기원했다. 이런 염원은 노를 젓는 중에도 계속되었다. 같은 목적으로 강가 암벽에 새겨졌을 것으로 보이는 마애불이 충주 창동리와 여주 계신리에 있다.[6] 남한강 물길 따라 등장하는 마애불을 찾아가 보면 어떨까?

충주 목계나루 주변의 남한강 강가 암벽에 새겨진 창동 마애불

충주는 이전에 남한강 주변 지역의 생산물을 실어 나르던 뱃길의 중심지였다. 지금은 육로의 발전과 댐 건설로 쇠락해 버렸다. 충주의 창동리 마애불 가는 길에는 덕흥창, 목계나루 등 과거 번성했던 남한강 뱃길의 흔적이 남아 있다. 덕흥창은 고려 시대에 경상도와 충주 지역 등지에서 세금으로 거둔 곡물을 모아 수도 개경으로 운반하던 중계 창고였다. 조선 시대에는 폐지되고 인근 지역에 가흥창이 새로 설치되었다. 마애불이 있는 창동리倉洞里라는 지명은 창고倉庫가 있어서 생긴 이름이었다. 목계나루는 덕흥창에서 하류로 좀 더 내려간 목계교 옆에 있는데 지금은 터만 남았다. 1930년대까지만 해도 목계나루는 많은 뱃사공과 상인

---

6 이태호·이경화, 『한국의 마애불』(다른세상, 2002), 250쪽.

으로 북적였다.

마애불 바로 앞으로 남한강이 유유히 흐르고 있다. 마애불 앞에 서 있으니 뱃사공의 땀방울을 식혀 주었을 시원한 강바람이 스쳐 지나간다. 마애불이 새겨진 암벽에는 강물에 반사된 아침 햇살이 반짝인다. 햇빛이 내려앉으면 돋을새김으로 새겨진 얼굴에 생동감이 넘치기 시작한다. 반달눈썹과 살구 모양의 눈, 뭉툭한 코, 입에서는 고려 시대의 토속적인 웃음이 진하게 흘러나온다. 고달픈 뱃사람들의 무사 기원을 편안하게 받아주었을 얼굴이다. 그래서 강을 오가던 사람들은 배 위에서 마애불을 보고 부담 없이 그들의 무사를 빌었을 것이다.

연꽃 대좌 위에 앉아 있는 마애불은 바위 면이 깨진 탓에 머리, 팔 등에 파손이 있다. 세월이 많이 흘렀다는 뜻이다. 옷 주름은 강의 물결

충주 창동리 마애불_남한강가 암벽에 새겨져 있다.

34

처럼 조각되었고 손은 소매 속에 있는지 보이지 않는다. 마애불의 가슴과 배에는 붉은색이 배여 있다. 붉은색은 임진왜란 때 주변의 탄금대에서 배수진을 치고 왜군과 싸운 신립 장군 이야기로 이어진다. 탄금대에서 싸우다가 패한 신립 장군이 마애불에 와서 죽었는데 그때 흘린 피눈물로 붉은색이 생겼다는 것이다. 그러나 전설은 전설일 뿐 실제로 붉은색은 바위에 철 성분이 배여 있어서 그렇게 보이는 것이다.

남한강이 여주에서 얻은 이름, 여강이 잠시 내주는 여유

충주의 목계나루를 지나 남한강은 북쪽의 원주로 들어선다. 원주에서 섬강을 보탠 남한강은 덩치를 키워서 여주로 흘러내린다. 여주에 들어선 남한강은 여강이라는 애칭을 얻는다. 동시에 뱃사공의 생활 터전이 되어 주던 강은 여주에서 당시 사대부와 더불어 잠시 여유와 낭만을 찾는다. 남한강을 끼고 있는 거대 바위 마암에서 누른색의 황마黃馬와 검은색의 여마驪馬 두 마리가 솟아 나왔다고 전해진다. 그래서 여주가 고려 시대에 황려黃驪나 여흥驪興이라는 지명을 가지게 되었고 남한강도 여강驪江으로 불리게 되었다.

여강 주변은 옛날부터 산수가 좋았다. 현재 여주대교 주변에 있는 마암, 신륵사를 비롯해 지금은 없어진 청심루, 팔대숲 등 절경지가 여럿 있었다. 그래서 여강에는 이규보, 이색, 정몽주, 서거정, 최숙정, 김종직, 이이 등 고려·조선 시대의 많은 사대부가 다녀갔다. 다녀간 문인은 여강의 절경을 보면서 서정적인 감회 외에도 뱃놀이하는 여유로움, 벼슬자리에서 오랫동안 앉은뱅이 노릇을 한 것을 한탄하는 마음, 속세를 떠나

사는 신선의 경지에 대한 열망 등 다양한 주제로 시를 읊었다.

고려 중기의 문신인 이규보의「범소선(泛小船, 작은 배를 띄우며)」이라는 시에서는 흥겨운 뱃놀이의 분위기가 전해진다. 여주 출신의 이규보가 관직 생활을 끝내고 귀향했을 때 고향 유생들은 그를 반갑게 맞아 주면서 함께 뱃놀이를 했다. 붉게 화장한 기녀들과 생황을 부는 풍악 소리에 분위기는 흥겨웠고 배 안에는 싱싱한 게나 생선 등 안줏거리도 많았다. 갈매기들도 배를 피하지 않고 날아들어 함께 어울렸다. 이 시는『동국이상국집』제6권 고율시 편에 있다.

桂棹蘭舟截碧漣	계수나무 노로 모란 배 저어 푸른 물결 가르는데
紅粧明媚水中天	예쁜 기녀들 물속 하늘에 비치네
釘盤纔見團臍蟹	쟁반에는 배꼽 둥근 게도 보이고
掛網還看縮項鯿	그물 속에는 목 짧은 편어도 있네
十里煙花眞似畵	십 리 꽃길이 참으로 그림 같은데
一江風月不論錢	이 경치를 어찌 값으로 매기겠는가
沙鷗熟聽笙歌響	갈매기들은 풍악 소리에 익숙해져
飛到灘前莫避船	여울 앞에 날아들어 배 피할 줄 모르네

— 「범소선(泛小船, 작은 배를 띄우며)」 전문

여주의 남한강 끝자락에 있는 계신리 마애불

뱃사공은 강 언덕에 벽돌로 만든 탑이 보이면 신륵사라는 것을 알았다. 그래서 신륵사는 벽절로 불리었다. 신륵사는 고려 말에 밀양 영원사로 가던 나옹화상이 병환으로 잠시 머물다가 입적하면서 유명해졌다. 게다가 동대東臺로 불리는 강가 바위에는 강월헌江月軒이라는 누각이 있어서 운치가 으뜸인 절로 유명했다.『신증동국여지승람』제7권 경기 여주목 편에 "신륵사 풍경의 아름다움은 우리나라에 소문난 것으로 사대부들이 바람에 돛을 달고 왕래하여 배들이 줄을 이었다."고 기록하고 있다. 그러나 사공들은 배 위에서 신륵사를 바라보면서 부처님에게 안전과 행복을 빌었을 것이다.

물길 흐르는 대로 노를 저어 내려가면 여주의 끝자락과 양평 초입에 있는 이포나루에 닿는다. 이포나루는 삼국 시대부터 있었다. 조선 시대에는 4대 나루로 불릴 정도로 곡물과 소금, 생선 등 많은 물산이 오가고 많은 사람으로 붐비던 곳이었다. 지금은 이포대교 주변의 강 양쪽에 터

여주 계신리 마애불 보호각 전경_복하천과 남한강이 만나는 곳에 있다.

로만 남았다. 그런데 이포나루 주변의 여주 계신리에도 뱃사공의 삶의 애환을 달래주기라도 하듯 마애불이 있다.

마애불은 용인에서 발원한 복하천이 이천과 여주를 거쳐 남한강으로 합쳐지는 교차점에 있다. 그래서 마애불이 있는 곳은 남한강[川]을 오르내리던 사람들로 번성[興]하여 흥천면興川面이라는 지명을 얻었다. 마애불의 위치는 복하천뿐만 아니라 남한강을 오르내린 뱃사공의 눈길이 마주치기에도 좋았을 것이다.

낮익은 한국인처럼 편안함을 주는 고려 시대 마애불

마애불은 평평하게 잘 다듬은 암벽에 새겨졌는데 두 발을 옆으로 벌리고 연꽃 대좌 위에 서 있다. 전체적인 균형도 잘 맞고 조각 솜씨도 섬세해서 세련된 느낌을 준다. 옷소매의 잔주름과 하체의 옷 주름도 정성껏 새겨졌다. 왼쪽 어깨에 걸친 옷이 흘러내리지 않도록 고정하듯 끈으로 매듭을 묶은 자락도 눈길을 끈다. 마애불은 조성 기법상 대체로 고려 시대의 특징을 보여 준다. 좀 더 빠르게는 고려 전기에 조성되었을 것이라는 의견도 있다.

네모나고 낮은 돋을새김으로 새겨진 평면적인 얼굴에서는 낮익은 한국인의 모습이 보인다. 햇빛이 암벽에 닿기만 하면 반달눈썹과 눈, 뭉툭한 코, 조그만 입에서는 멀리서도 알아볼 수 있을 만큼 환한 미소가 입체적으로 생겨난다. 머리 주변에 둥근 원으로 표현된 두광과 몸의 신광에서는 빛이 뿜어져 나온다. 그래서 마애불은 높이 2.23m의 작은 크기지만 큰 신뢰감을 주었을 것이다. 최근 보호각을 세우는 바람에 아쉽게도 마애불의 생생한 이전 모습은 보기 어렵게 되었다.

보호각 이전의 여주 계신리 마애불_낯익은 얼굴로 뱃사공과 만났을 것이다.

마애불에는 뱃사공과 삶의 애환을 함께 하던 추억만 남아 있고

고려 문신 이색의 시 「만숙병탄(晚宿幷灘, 병탄에서 하룻밤 묵다)」에서는 남한강 뱃사공의 어려움을 살짝 엿볼 수 있다. 시는 그의 저서 『목은시고』 제 32권 시 편에 있다. 이색(1328~1396)은 고려 공민왕의 개혁과 조선의 건국이라는 역사적 사건의 중심에 있었다. 그는 고려에 대한 충절을 지키다가 조선을 건국한 이성계에 의해 여주로 유배 가기도 했다. 여주에서의 인연은 신륵사로 이어졌다. 나옹화상이 입적한 지 1년이 된 해에 이색은 경기도 양주 회암사의 선각왕사비(보물 제387호)의 글을 썼다. 선각왕사는 나옹화상이 죽은 후의 시호이다. 이색은 나옹화상이 입적한 지 3년 후에 신륵사 경내의 보제존자석종비(보물 제229호) 글을 썼다. 보제존자는 나옹화상이 공민왕의 왕사가 되었을 때 왕에게서 받은 호이다. 개경에서 한강 뱃길을 이용하여 여주까지 드나들었던 이색은 훗날 여주에서 죽음을 맞았다.

이색이 여주에서 하류로 조금 더 내려간 양평의 병탄幷灘을 지날 때였다. 여강 하류의 병탄은 대탄大灘으로도 불리는데 돌이 물 가운데를 가로질러 위험했다. 병탄은 물이 넘칠 때는 돌이 안 보이고 물이 얕아지면 거센 파도가 생겨서 어려운 뱃길이었다.

順流而下棹夫閑　　물길 따라 내려올 땐 뱃사공이 한가하더니
遇險驚呼頃刻間　　험한 곳 만나니 순식간에 놀라 외치네
晚泊沙洲風露冷　　저녁 모래사장에 정박하니 바람 이슬 차갑고
一燈明滅照雲山　　등불 하나 감박감박하면서 구름산 비추네

　　　　　　　　　—「만숙병탄(晚宿幷灘, 병탄에서 하룻밤 묵다)」 전문

뱃길 안전을 지켜주던 마애불은 오랫동안 집을 떠나 외로운 뱃사람에게 좋은 길동무가 되었고 조금만 더 가면 목적지에 도착할 것이라는 희망봉이었다. 그러나 현재는 화물이나 사람을 운반해 주는 운송 수단이 트럭, 버스, 기차, 비행기로 바뀌면서 뱃길은 쇠락하고 말았다. 많은 사람으로 붐비던 나루도 사라지고 이제는 터와 이름만 남았다. 아직도 말없이 뱃길을 지키고 있는 강가의 마애불들은 강을 오르내리면서 자신에게 기원하던 많은 뱃사공이 가져다준 과거의 번성을 그리워하고 있을지도 모른다.

충북 충주 창동리 마애불

✖ **소재지** 충청북도 충주시 중앙탑면 창동리 240_남한강가
✖ **조성 연대** 고려
✖ **문화재 번호** 충북 유형문화재 제76호
✖ **명문** 없음
✖ **답사 난이도** ★★☆☆☆(다소 쉬움)
✖ **아름다운 마애불을 볼 수 있는 시간** 오전 중. 암벽이 동남향이어서 오전 중 햇빛이 든다.

경기 여주 계신리 마애불

✖ **소재지** 경기도 여주시 흥천면 계신리 산4(석불암)_남한강가
✖ **조성 연대** 고려
✖ **문화재 번호** 경기 유형문화재 제98호
✖ **명문** 없음
✖ **답사 난이도** ★☆☆☆☆(쉬움)
✖ **아름다운 마애불을 볼 수 있는 시간** 보호각 안에 있어 종일 그늘 속에 있다.

흐르는 강물 따라 강가 암벽에 새겨진 마애불들

흐르는 강물 따라 강가 암벽에 조성된 마애불이 몇 개 있다. 남한강에서는 충주 창동리 마애불, 여주 계신리 마애불 등 두 개의 마애불을 볼 수 있다. 금강이 흘러내리는 전북 익산시의 화산리에서는 마애삼존불을, 낙동강 중간의 경북 의성군 생송리에서는 마애보살을 볼 수 있다. 특히 의성군의 생송리 마애보살상은 4대강 공사로 낙동강의 낙단보 공사를 하던 중 2011년에 발견되면서 알려졌다. 경남 산청군의 도전리에도 양천강을 내려다보는 암벽에 새겨진 마애불이 있다. 산청의 마애불 역시 뱃길의 안전을 위해 조성되었다는 의견이 있다.

경북 의성 생송리 마애보살_2011년 낙동강의 낙단보 공사 중 발견되었다.

경기 양평 상자포리 마애불.

양평 상자포리 마애불

파사산 정상 부근의 병풍바위라는 거대 암벽에 새겨져 있다. 선으로 새겨진 데다가 부분적으로 마모되어 선명한 모습을 보기는 어렵다. 높이가 5.5m지만, 전체적으로 날씬하면서 신체적인 균형도 잘 맞는 편이다. 그러나 주변의 여주 계신리 마애불에 비하면 조각 솜씨는 떨어진다. 육계와 머리, 귀는 구분 없이 한 개의 선으로 표현하여 생략하였고 옷 주름과 전체적인 묘사도 단순하다. 강가는 아니지만 마애불이 있는 곳에서 강이 훤히 내려다보여 남한강 뱃사공의 안전을 위해 조성된 것으로 보인다. 서향한 마애불에는 오후에 햇빛이 드는데 특히 낮 12시 30분~1시 30분에 좀 더 선명한 모습을 볼 수 있다(소재지: 경기도 양평군 개군면 상자포리 산36-1).

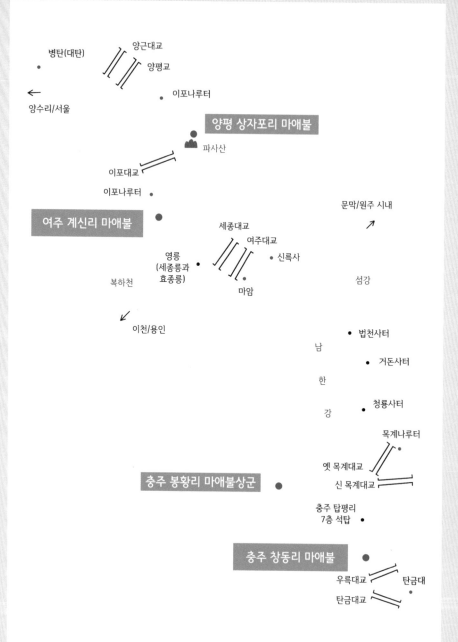

4

경북 경주 남산 탑골
마애불상군

주술로 외적을 물리치고 요괴를 격퇴하다

밀교 성격을 가진 사방불에 펼쳐지는 다양한 부처 세계

「엑소시스트」라는 영화가 있다. 두 명의 가톨릭 신부가 소녀에게 깃든 악마를 쫓아내는 과정을 그린 내용이다. 불 꺼진 영화관의 어둠 속에서 많이 놀라고 충격을 받았던 기억이 있다.

『삼국유사』에도 신라 선덕여왕 덕만 등 사람을 병들게 한 귀신이나 요괴를 쫓아내고 병을 낫게 한 밀교密教 이야기가 있다. '비밀불교'라는 뜻의 밀교는 주문을 외우거나 특별한 비법을 이용하여, 개인 차원에서는 귀신을 퇴치하고 나라 차원에서는 외적을 물리쳤다.

밀교의 한 종파인 신인종의 흔적이 경주 남산 탑골의 부처바위에 남아 있다. 부처바위는 바위의 동서남북 사면에 각각 네 방향의 세계를 관장하는 부처를 새긴 사방불이다. 사방을 지킨다는 방위신의 성격을 가진 사방불은 밀교적 성격을 가지고 있다. 게다가 이전에 부처바위 주변에서 신인종에 소속되었을 것으로 추정되는 신인사라는 절 이름이 적힌 기와가 발견되었다. 그래서 확실하지는 않지만 부처바위의 밀교적 연관성은 더 높아졌다.[7] 신[神]이 새겨졌다[印]는 뜻의 신인神印은 사면에 부처가 새겨진 부처바위와 관련 있을 것으로 추정하고 있기 때문이다.

부처바위는 거대하며 조각미도 넘친다. 잘 다듬은 바위 표면에 그려진 밑그림을 따라 정과 망치로 새겼을 석공의 조각 솜씨는 최고의 수준을 보여 준다. 종이에 그림을 그리듯이 단단한 화강암 바위를 마음대로

부처바위 전경_사방불 형식으로 조각되었다.

7 이숙희, 「통일신라 시대 오방불의 도상 연구」, 『미술사연구』 통권 제16호(미술사연구회, 2002.12), 22쪽.

다루었을 장인의 빼어난 솜씨를 엿볼 수 있다. 또 사면의 부처 세계에는 부처뿐만 아니라 보살상, 하늘을 떠다니는 비천상, 입구에서 부처 세계를 지키는 신장상, 탑, 사자, 승려, 나무 등 30여 점 이상의 조각이 있다. 그래서 부처바위는 경주 남산 탑골 마애불상군으로 불린다. 아름다운 부처 세계, 다양한 조각상 등이 펼쳐져 있는 부처바위이니 찾아가 볼 만하지 않을까?

이른 아침에만 밝은 모습을 볼 수 있는 북면의 부처 세계

옥룡암 뒤 산길 입구에 들어선다. 위압감이 느껴지는 거대 바위가 눈앞에 있으니 바로 부처바위다. 추사 김정희의 「세한도」처럼 곧게 뻗은 소나무들이 부처바위를 둘러싸고 있는데 아침의 고요와 잘 어울린다. 얼핏 보아도 무뚝뚝하고 거친 바위와 고고한 소나무들이 잘 어울리는 한 폭의 그림 같다. 부처바위의 높이는 대략 10m, 둘레는 30m 정도이다. 바위 구조상 동면이 가장 넓고 크며 다음으로 북면이 넓다. 그래서 동면과 북면에는 상대적으로 많은 내용이 조각될 수 있던 것으로 보인다.

아침 7시가 지나면서 북면의 부처 세계가 열리기 시작한다. 북면의 부처 세계에는 바위 중앙에 앉은 부처를 중심으로 상하좌우에 부처를 장식하는 많은 조각이 있다. 부처 머리 위에는 인도 왕족이나 귀족들이 권위의 상징이면서 햇빛 가리개로 사용했던 천개가 있다. 다른 곳에서는 보기 힘든 부처의 장식품이다. 천개 위로는 두 개의 비천상이 날아다닌다.

부처 좌우에는 각각 9층 탑과 7층 탑 등 두 개의 탑이 있다. 탑은 층

부처바위 북면_천개를 쓰고 있는 부처를 중심으로 펼쳐지는 세계가 있다.

북면_아래의 두 마리 사자 중 수사자.

마다 두 개의 창문을 가지는 등 목탑 형식을 하고 있다. 게다가 탑의 상륜부와 탑의 각 층 양쪽 추녀마다 한 개씩 매달린 풍탁에서는 섬세한 조각미가 잘 나타난다. 마치 눈앞에서 목탑을 보는 듯하다. 고려 몽골 침입 때 불타버린 신라의 황룡사 9층 목탑 원형을 부처바위에서 찾는 이유다.

고개를 들어 올려 보다가 눈높이를 정면으로 맞추어 바라본다. 9층 탑 아래에 꼬리가 세 개인 암사자, 7층 탑 아래에도 꼬리가 세 개인 수사자 모습의 동물이 있다. 사자들은 부처 세계를 지키듯 포효하고 서 있다.

가장 넓은 동면 바위에서 펼쳐지는 아름다운 부처 세계

동면은 제1바위에 위쪽으로 다른 바위가 두 개 더 붙어 모두 세 개의 바위로 구성되어 있다. 동면은 부처의 미소가 해맑은 제1바위가 중심이 된다. 부처를 공양하기 위해 땅에서는 노승이 향로를 들고 하늘에서는 비천상들이 찬미하면서 날아다닌다. 부처는 구도상으로 좌우에 보살을 둔 삼존불의 본존불이다. 그러나 자세히 보면 왼쪽에는 보살이 앉아 있으나 오른쪽 보살의 자리에는 피리 부는 비천상이 앉아 있다. 부처는 좌우에서 보살의 협시를 받는 삼존불의 본존불이 아니라 단독불이다.[8] 이유는 알 수 없으나 특이한 배치다.

제1바위의 부처 세계는 오전 11시경부터 열린다. 햇빛이 들면서 지금까지 대기하고 있던 비천상들의 아름다운 율동이 시작된다. 얇은 천의 자락을 바람에 날리고 있는 비천상들이 피리를 불고 노래로 찬미하면서, 수평으로 날아다니거나 하강하는 모습에 숨이 막힌다. 게다가 비천

---

8 김숙희, 「남산 마애불의 연구 — 탑곡 사방불암·칠불암을 중심으로」, 대구대 석사논문, 1999, 22쪽.

동면 제1바위의 다양한 비천상_아름다운 율동으로 보는 이의 눈을 사로잡는다.

동면 제1바위_신라인처럼 친숙한 부처 얼굴과 이국적인 보살 얼굴이 대비된다.

상의 찬미를 받는 부처의 미소는 더 압권이다. 초승달 같은 눈썹과 눈, 도드라진 두 뺨, 조그만 입이 어우러져 나오는 옅은 미소는 부드러우면서도 강렬하다. 부처의 얼굴은 당시 신라인의 얼굴과 닮았겠지만, 지금 봐도 친숙한 매력이 있다.

세련된 바위 조각 솜씨는 계속해서 왼쪽의 보살로 이어진다. 왼쪽에 앉아 부처를 향해 두 손을 모은 보살의 긴 눈썹, 매부리코 등 눈에 확 들어오는 외모는 이국적 느낌을 준다. 실크로드 상의 서역인 같은 보살에서는 당시 국제화된 신라의 단면을 엿볼 수 있다.

제2바위 면에는 두 그루의 나무 아래서 선정에 든 승려상이 조각되어 있다. 오랜 세월을 수행해 온 듯 나이가 지긋해 보이는 노스님 모습이다.

제3바위는 산등성이 끝에 있다. 남면 입구에 있어 남면 바위에 속하는 것으로 볼 수도 있다. 제3바위는 부처 세계로 들어가는 입구로 보인다. 바위에 새겨진 신장상이 두 손에 창을 들고 부처 세계의 입구를 지키고 있다. 갑옷을 입고 힘차게 두 발을 땅에 딛고 서 있는 모습에서는 기백이 느껴진다. 그리고 바위 뒷면에는 젊은 승려가 새겨져 있는데 주의 깊게 보지 않으면 지나치기 쉽다.

상대적으로 좁은 공간에 새겨진 남면과 서면의 부처 세계

남면과 만나는 산길 끝에 최근 복원된 5층 석탑이 있다. 석탑 때문에 계곡이 탑골이라는 이름을 얻었다. 남면이 있는 공터에는 5층 석탑뿐만 아니라 석등의 대좌 등 부처 세계를 구성하는 조각이 다수 있다.

남면의 중심이 되는 바위에는 삼존불과 동자승으로 보이는 한 명의 승려상이 새겨져 있다. 감실 속에 새겨진 삼존불은 세부 묘사가 부족하고 마모가 있지만 고유의 미소와 기품을 잃지 않았다. 좌협시가 본존불을 향하여 몸을 기울인 애교스러운 몸짓에서는 형식을 살짝 벗어난 기획자의 위트가 돋보인다. 그리고 삼존불이 있는 바위 앞에는 별도의 돌로 만들어진 석불 입상이 한 개 있다. 얼굴은 훼손되었지만 풍만한 육체와 잘록한 허리가 인상적이다. 또 흙으로 메워진 넓은 터의 바위에도 한 명의 젊은 승려상이 새겨져 있어 남면에는 모두 두 명의 승려상이 바위에 새겨져 있다.

마지막으로 남면을 타고 돌아서 내려오는 경사 길에 서면이 있다. 서면은 높이도 낮고 면적도 좁아 조각상이 몇 개 안 된다. 두 그루 나무 사이에 앉아 있는 부처 위로 두 개의 비천상이 날아다니는 부처 세계가 있다.

남면 삼존불_좌협시가 본존불을 향해 몸을 기울인 모습이 특이하다.

부처바위 북면에서 아침 7시에 시작한 여정이 정오가 넘어서야 서면에서 끝났다. 부처바위의 둘레는 기껏해야 30m밖에 되지 않는데 천천히 둘러보고 기다리면서 많은 시간이 흘렀다. 그래도 시간이 아깝지 않았고 여기서 천천히 누린 눈의 호사에 오히려 즐겁기만 했다.

호국불교 성격의 신인종에 의해 조성되었을 부처바위

신라가 삼국 통일을 위해 힘쓰던 7세기에, 신인종의 시조로 불리는 명랑법사의 마법 같은 이야기가 『삼국유사』에 전해져 온다. 삼국 통일 후 신라 문무왕은 당나라에 유학 갔다가 급히 귀국한 의상대사로부터 당나라의 침략 소식을 들었다. 이때 대책을 세우는 데 힘을 쏟은 사람이 명랑법사였다. 그 대책으로 낭산에 사천왕사를 세우는데 완공 전에 당나라 군사가 국경 바닷가까지 쳐들어왔다. 법사는 채색 비단으로 임시 절을 꾸미고 동서남북과 중앙의 다섯 방위를 맡은 오방신을 만들었다. 그리고 용궁에 들어가서 얻어온 신인비법神印秘法으로 비바람과 파도를 일으켜 당나라 배들을 모두 침몰시키고 나라를 구했다(668년).

이렇듯 호국불교적 성격을 가진 신인종이었으니 부처바위 역시 같은 맥락에서 이해할 수 있다. 부처바위는 사방불이 유행했던 삼국 통일 전 신라 시대에 조성되었다는 의견과 통일신라 시대에 만들어졌을 것이라는 의견이 있다.[9] 만약 삼국 통일 전이라면 부처바위는 호국의 목적 아래 신라의 삼국 통일 의지를 보여준 것으로 해석될 수 있다.

호국불교 성격의 밀교 이야기 외에도 『삼국유사』에는 사람을 아프

---

9 이숙희, 앞의 논문, 22쪽.

게 한 요괴와 귀신을 쫓은 밀교 이야기도 있다. 이야기의 주인공인 퇴마사는 밀본법사와 혜통스님이다. 밀본법사는 후에 선덕여왕이 되는 어린 덕만을 병에 걸리게 한 늙은 여우를 죽였다. 또 승상 김양도가 어렸을 때 귀신이 그의 입을 붙이고 움직이지 못 하게 하자 주문으로 잡아서 병을 고쳤다. 당나라의 비법을 전수받은 혜통스님은 주문을 외워 마귀와 독룡 때문에 병이 들었던 당나라 공주, 등창으로 고생하던 신라 신문왕을 즉시 낫게 했다. 기록에서 전하듯 신라 시대의 밀교는 명랑법사, 밀본법사, 혜통스님 등 세 사람이 있을 때 크게 떨쳤다고 한다.

경주 남산 탑골의 부처바위를 통해 본 밀교의 흔적은 신선한 충격이었다. 거대 바위의 네 면에 조각된 아름답고 화려한 부처 세계는 밀교 수행자가 가진 힘의 원천이지 않았을까? 그래서 수행자는 그 힘을 바탕으로 터득한 신통력을 요괴 퇴치나 외적 격퇴에 이용한 것은 아닐까? 요즘에도 종교를 불문하고 퇴마사 이야기가 드라마와 영화의 소재로 심심치 않게 등장한다. 부처바위에는 지금도 흥미로운 퇴마 이야기가 담겨 있는 듯하다.

경북 경주 남산 탑골 마애불상군
- ✄ **소재지** 경상북도 경주시 탑골길 36_산 입구
- ✄ **조성 연대** 신라 또는 통일신라
- ✄ **문화재 번호** 보물 제201호
- ✄ **명문** 없음
- ✄ **답사 난이도** ★★☆☆☆(다소 쉬움)
- ✄ **아름다운 마애불을 볼 수 있는 시간** 오전 10시 30분~11시 30분. 선명한 동면과 남면의 모습을 볼 수 있다. 북면은 하절기의 이른 아침을 빼면 서면과 함께 종일 그늘 속에 있다.

···· 보충 내용 ····

경주 남산 탑골 입구 마애불상군

탑골 입구 마을의 월정사 뒷산 중턱에 있다. 직사각형의 바위에 새겨진 마애조상군은 규모도 작고 선각으로 새겨졌으나 형식면에서 주변의 탑골 마애불상군과 비슷하다. 그러나 형상은 마모가 심해 정확하게 파악하기 어렵다. 바위 정면에는 5층 목탑을 중심으로 서 있는 부처상들, 사리를 싣고 가는 것으로 추정되는 코끼리 등이 새겨져 있다.[10] 바위의 오른쪽 구석에는 기와 법당 안에 앉아 있는 부처상이 뚜렷하다. 바위 왼쪽의 남서면에도 상체 없이 하체만 있는 삼존불이 선명하다. 동남향의 마애불에는 오전에 햇빛이 드나 오전 11시 30분~낮 12시 30분에 좀 더 선명한 모습을 볼 수 있다(소재지: 경상북도 경주시 탑골길 8−21).

경주 남산 탑골 입구 마애불상군 전경_탑골 마애불상군을 닮았다.

경주 남산 보리사 마애불

남산 미륵골의 보리사라는 절에 있다. 경내에서 약 150m 정도 떨어진 오솔길 끝의 조그만 바위에 얕은 감실을 파서 새겼다. 두 손은 보이지 않게 소매 안에 넣고 있는데 조그만 석굴 안에서 수행하는 듯하다. 마애불은 바로 앞 풍요의 배반평야를 바라보고 있다. 경내의 석불(보물 제136호)보다 좀 더 늦은 통일신라 시대에 조성된 것으로 추정한다. 동북향이어서 햇빛 좋은 날 오전 8시 30분~9시 30분에 아름다운 모습을 볼 수 있다. 이후로는 그늘 속으로 들어간다(소재지: 경상북도 경주시 남산동 산66).

---

10 불교문화재연구소, 『한국의 사지 ― 현황조사 보고서上』(문화재청, 2012), 466쪽.

11 김창호, 「경주 불상 2예에 대한 이설」, 『경주문화』 통권 제9호(경주문화원, 2003.11), 143쪽.

경주 남산 보리사 마애불_경사진 언덕의 조그만 바위에 새겨져 있다.

경주 남산 부처골 마애불

남산 부처골 입구에서 약 400m 정도 올라간 중턱에 있다. 마애불은 깊게 판 감실 속에 앉아 있는데 얼핏 보아도 화강암을 파낸 장인의 공력이 느껴진다. 불상은 좁은 석굴에서 깨달음을 얻기 위해 사색하는 부처의 모습이다. 대체로 신라 시대에 만들어진 것으로 추정하는 몇 개 안 되는 마애불 중 하나다(보물 제198호). 머리에 수건을 두른 할머니라는 별명처럼 수건을 두른 듯 모자를 쓰고 있는 모습이 당나라 때의 승가대사상을 새긴 것이라는 의견도 있다.[11] 그래서 8세기 중엽 이후에 조성되었을 것으로 보기도 한다(소재지: 경상북도 경주시 인왕동 산56).

경주 남산 부처골 마애불_좁은 석굴에서 사색하는 부처의 모습을 새겼다.

56

| 찾아가는 길 |

남산

경주 시내

사천왕사터

망덕사터

역두수로봉

500m

천

뚜

400m

뚜

600m

300m

탑골 마애불상군
안내판

부처골 마애불
안내판

주차공터

300m

월정사

50m

대나무숲

370m

주차공터

30m

남산 부처골 마애불

남산 탑골입구 마애불상군

남산 탑골 마애불상군

남산 보리사 마애불

탑골마을

400m

주차장

옥룡암

100m

나무 계단 길

남산 금오봉

보리사

경내 주차장

300m

180m

150m

100m

갯마을

200m

갯마을
버스정류소

화랑교

갯마을

통일전/
남산순환로 입구

5

충남 천안 성불사
마애석가삼존16나한

나한의 신통력으로 비와 외적 격퇴를 기원하다

고려 시대 왕들이 비를 부른 다양한 방법

　가뭄으로 댐이 바닥을 드러낼 정도라는 뉴스가 들릴 때가 있다. 첨단과학 시대에 인공위성을 활용한 기상 예측은 어느 정도 가능해졌지만, 아직도 가뭄 대비와 극복은 쉽지 않다. 가뭄이 심해 저수지 밑바닥이 드러나면 농민의 가슴도 메마른 땅처럼 갈라지고 타들어 간다. 요즘도 그럴진대 농사가 모든 산업의 기본이었던 옛날에는 고통이 더 심했을 것이다. 가뭄이 자신의 잘못 때문에 생긴다고 생각했던 왕은 자신의 언행을 반성하고 자연이나 절대자에게 기도했다. 지금의 시각으로 본다면 터무니없다고 생각할 수 있지만 절박했던 당시에는 나름대로 할 수 있는 최고의 방법이었다. 비가 오지 않을 때 고려 시대 왕들이 비를 부르던 다양한 방법이 『고려사』에 전해진다.

오랫동안 비가 오지 않으면 왕은 먼저 자신이 잘못한 것이 없는지 반성하고 언행을 조심했으며 고통을 분담하고자 했다. 그래서 궁궐 내에서 땡볕에 앉은 채로 정무를 보거나 반찬 가짓수를 줄였으며 풍악과 음주를 금하였다. 억울한 죄수가 없는지 살피고 우산이나 부채 사용 금지, 가축 도살 금지 등을 지시하기도 했다.

그래도 비가 오지 않으면 왕은 자연이나 절대자에게 비를 기원했다. 냇가에서 비를 빌거나 종묘, 사직, 산천의 신령에게 비를 빌었다. 또 배 위에서 용왕에게 빌거나 도교의 초제를 지내기도 했다. 임금이 직접 절을 찾거나 궁궐에서 불교 의례를 열기도 했으며 어떤 경우에는 신하를 시켜 비가 오기를 절에서 빌게 했다. 특히 불교 의례 중에는 나한에게 공양을 올리면서 비가 오기를 기원하던 나한재가 있었다. 이런 나한 신앙의 성격을 보여주는 것으로 바위에 새겨진 석가삼존16나한이 충남 천안의 성불사 경내에 있다. 게다가 마애불로는 국내에서 유일한 나한상이니 찾아가 볼 만하지 않은가?

사람과 친밀하면서도 신통력을 가진 절대자로서의 나한

급경사 계단 길을 힘들게 올라 성불사 경내에 선다. 들숨과 날숨을 심하게 내쉬며 기왓장이 덮여 있는 낮은 담벼락 쪽으로 섰다. 서북쪽으로 시내가 훤히 내려다보여 전망이 좋다. 호흡이 진정된 후에 경내로 눈길을 돌린다. 법당 옆에 낮게 드리워진 암벽이 있다. 6월 초, 오후 2시 30

성불사 경내_대웅전 뒤 암벽에 석가삼존16나한상이 새겨져 있다.

분경이 되어서야 햇빛이 닿는 암벽의 끝 지점에 석가삼존16나한상이 새겨져 있다.

나한은 여러 가지 의미로 해석되는데 대체로 깨달음의 경지에 이른 부처의 제자를 뜻한다. 그래서 사람들은 나한이 뛰어난 신통력을 가진 것으로 믿었다. 또 현실 세계에서 수행하고 참선하면서 깨달음을 얻었기에 이상 세계에 존재하는 부처나 보살보다 사람들이 친밀하게 기댈 수 있는 대상이었다. 그리고 나한은 혼자일 때도 있으나 성불사 마애불처럼 16명의 나한이 있는 예도 있다. 더 나아가서는 5백 명의 나한도 있다. 이는 나한이 많아지면 신통력도 높아진다는 믿음 때문이다. 이런 믿음은 십육 나한 신앙과 오백 나한 신앙 등이 유행하게 된 바탕이 되었다.

심한 가뭄에 비를 기원한 고려 시대의 나한 신앙

고려 시대의 나한 신앙은 왕실 중심으로 성행한 까닭에 나라가 태평하고, 왕실·백성이 평안하기를 빌었다.[12] 그래서 고려 후기까지 왕이 나한재를 열어서 나한에게 국태민안을 빌고 외적 침입을 막거나 큰 가뭄에는 비가 내리게 해달라고 기원했다.

『고려사』에 따르면 명칭도 나한재, 삼백나한재, 오백나한재 등으로 나타난다. 나한재는 당시 수도였던 개성의 보제사에서 많이 열렸고 신광사, 왕륜사, 외제석원 등의 절에서도 열렸다. 몇몇 경우를 제외하고는 대부분의 나한재가 기우 목적인지 명확하게 기록되지 않았다. 하지만 나한재를 열기 전 왕이 비를 부르는 다양한 방법을 시도한 정황으로 볼 때 기우제라고 추정한다.

기록상으로 나한재를 처음 거행한 왕은 고려 제11대 왕인 문종이다. 문종 5년(1051) 여름 4월, 비가 오지 않아 냇가에서 비를 빌고 기우제를 지냈는데도 효과가 없자 왕이 직접 보제사에 행차하여 오백나한재를 지냈다. 또 제16대 왕 예종, 제18대 왕 의종 때는 모든 관리에게 지시해 오백나한재를 열어 비를 내려달라고 기도하게 했다.

고려 중기의 문신 이규보(1168~1241)가 쓴 「보제사에서 오백 나한에게 기우제를 지내는 제문」도 나한 신앙의 모습을 잘 보여 준다. 당시 햇볕은 불꽃보다 더해서 쇠를 녹일 만하고 벼 싹은 흙덩이에 말라붙어 마치 끓는 물에 삶은 것 같았다. 봄 중간부터 여름까지 계속된 가뭄은 사람이 죽고 살 정도로 긴박해졌다. 당시 재상으로서 편히 앉아 있을 수 없었던 이규보는 자신의 잘못을 고하고 천지신명에게 빌고 죄수를 풀어주

12 정승연, 「고려 시대 석가삼존 십육나한도 연구」, 『삼성미술관 Leeum 연구논문집』 제4호(삼성문화재단, 2008.12.31), 34쪽.

었지만 가뭄은 해결되지 못 했다. 결국 그는 잠깐 사이에 구름을 모으고 큰비를 내리게 할 수 있는 오백 나한에게 공양을 올렸다. 또 농사가 잘되어 풍년을 맞이하기를 글로 기원하였다. 「보제사에서 오백 나한에게 기우제를 지내는 제문」은 이규보의 『동국이상국집』 제41권 석도소편과 서거정의 『동문선』 제110권 소 편에 실려 있다.

외적 격퇴를 기원한 고려 시대의 나한 신앙

고려 시대 오백나한도는 크게 두 가지 종류가 있다. 한 폭에 5백 명의 나한을 담은 것과 한 폭에 나한 한 명씩, 5백 개의 화폭에 그리는 경우다. 후자의 오백나한도에서 외적 격퇴를 기원한 나한 신앙의 모습을 볼 수 있다.[13] 현재는 5백 개의 화폭 중 14개 화폭만 남아 있다. 폭 45cm, 길이 65cm인 직사각형의 같은 크기 비단에 수묵화로 그려진 그림에는 각각 제작 연대, 목적, 시주자 등을 기록한 화기畵記가 있다.

화기에 따르면 오백나한도는 국토의 태평과 임금의 장수를 기원하고자 만들었다. 제작연도는 여러 의견이 있으나 대체로 고종 22년(1235)과 23년(1236) 2년에 걸쳐 만든 것으로 본다. 이때는 1235년 8월 시작된 몽골의 3차 침입이 있었다. 특히 그림 중에서 제379 원상주존자를 그린 나한도는 호국의 목적이 뚜렷하다. 고종 22년(1235)에 만든 것으로 추정하는 원상주존자 그림에는 고려의 수도까지 쳐들어온 몽골군이 속히 물러가기를 바라는 글이 있기 때문이다. 더 놀라운 것은 생동감 있는 그림의 내용이다. 나한은 힘찬 두 발로 땅을 딛고 바위에 앉아서 용을 바

---

13 정우택 외, 『고려 시대의 불화: 해설편』(시공사, 1997), 108~109쪽.

오백나한도_제379 원상주존자도. ⓒ 개인소장

마애석가삼존불과16나한상_나한은 형체만 알 수 있을 정도다.

라보고 있다. 건장한 체격에 야무진 얼굴, 부리부리한 눈은 어떤 적도 물리칠 듯 기백이 넘친다.

고려 시대에는 외적 침입 때 대장경을 만들었다. 대장경 조판은 당시 왕실이나 집권 세력이 주도하여 부처의 힘으로 적을 물리치고자 하는 국민적 염원이 담긴 프로젝트였다. 거란의 2차 침입이 있던 현종 2년(1011)에는 개경이 함락당하는 국가적 위기 속에서 초조대장경이 만들어지기 시작했다. 그러나 약 220년이 지난 몽골의 2차 침입(고종 19년 1232) 때 초조대장경이 불타버렸다. 오백나한도가 그려진 1년 후인 고종 24년(1237)에는 팔만대장경의 조판이 시작되었다.

자연과 벗하면서 수행하는 나한의 모습을 새긴 마애석가삼존16나한상

잘 다듬은 암벽에 햇빛이 들면 거친 모습의 조각이 드러난다. 바위 중앙에는 연꽃 대좌 위에 앉은 석가불을 중심으로 좌우에 협시보살이 서 있다. 석가삼존불 주위로 정 자국이 생생한 조각이 흩어져 있다. 어떤 모습인지 명확하지 않지만 모두 열여섯 개다. 일반적으로 불화인 석가삼존16나한도는 석가삼존불과 16나한을 함께 표현하는데 마애16나한상도 그렇다. 석공은 암벽 면이 좁아서 열아홉 개의 조각상을 모두 새기는 데 어려웠을 것이다. 그나마 석가삼존불은 세부적인 모습을 알아볼 수 있지만, 16나한은 조각상의 개별적인 표현이 섬세하지 못하다. 화공들이 털 하나 달린 매우 가는 붓으로, 1mm 간격으로 선이 겹치지 않도록 많은 연습을 하고 정교하게 그렸다는 불화와 대비된다.

마애불에서는 석가삼존불을 중심으로 상하좌우에 16나한을 골고

루 배치하고 있다. 나한은 조각상마다 깊이 파서 형체를 알 수 있게 했는데, 마치 감실이나 동굴 안에 있는 느낌을 준다. 나한 대부분이 수행하듯 단정하게 앉아 있다. 서 있거나 등을 기대고 편안하게 앉아 있는 나한도 있다.

석가삼존16나한도와 비교한 마애불 조각

성불사의 마애석가삼존16나한상과 비교할 만한 고려 시대의 석가삼존16나한도가 2점 있다. 2점의 나한도는 각각 일본 도쿄의 네즈미술관과 한국의 삼성미술관 리움에 소장되어 있다. 두 그림은 크기와 내용 면에서 서로 닮았다.[14] 세부 표현은 조금 차이가 있지만, 석가삼존불에게 공양하는 16나한의 모습이라는 공통점이 있다. Z자 모양의 구름 상부에 석가삼존불이 앉았고 아래로 세 무리의 16나한이 서 있다. 한 무리는 앞에서 석가삼존불에게 절을 하거나 공양을 하고 있다. 나머지 두 무리는 손에 꽃 쟁반, 불경 상자, 손잡이가 있는 향로, 지팡이, 연꽃 등을 들고 자신의 순서를 기다리고 있다. 나한도의 16나한은 석가삼존불을 공양하는 모습이지만 마애불의 16나한은 자연에서 수행하는 모습으로 내용 면에서 차이가 있다.

2점의 나한도는 대체로 고려 후기인 14세기 중반~후반에 그린 것으로 보며, 마애불도 비슷한 시기에 조성된 것으로 본다. 암벽에 새겨진 석가삼존16나한상의 조성 목적을 알 수 있는 명문이나 기록은 없다. 그래서 마애불이 일반적인 현세의 복을 기원하기 위해 조성되었다고 볼 수

---

14 신광희, 『한국의 나한도』(한국미술연구소, 2014), 90~91쪽.

있다. 고려 시대 나한 신앙의 특수성을 고려하면 비를 기원하거나 외적 격퇴를 기원하기 위해 조성되었을 가능성도 크다. 특히 마애불이 조성된 시기가 왜구 약탈과 홍건적 침입으로 어수선한 고려 말임을 생각하면 외적 격퇴에 힘이 더 실린다.

충남 천안 성불사 마애석가삼존16나한

✖ 소재지 충청남도 천안시 동남구 성불사길 144_태조산 중턱
✖ 조성 연대 여말선초
✖ 문화재 번호 충남 유형문화재 제169호
✖ 명문 없음
✖ 답사 난이도 ★★☆☆☆(다소 쉬움)
✖ 아름다운 마애불을 볼 수 있는 시간 오후 중. 암벽이 북서향이어서 햇빛이 바위 면에 비스듬하게 비치는 오후 2시 30분~3시 30분에 좀 더 선명한 모습을 볼 수 있다.

··· 보충 내용 ···

성불사 경내 미완성 마애불

석가삼존불과 16나한상이 새겨진 암벽의 바로 옆면에도 미완성 마애불 한 개가 있다. 형체만 있을 뿐 신체 세부표현은 되지 않았다. 불상을 만들던 학이 다 완성하지 못하고 날아가 버렸다는 전설이 있다. 성불사가 있는 태조산 너머 성거산의 만일사에도 미완성으로 남겨진 마애불이 한 개 있다. 성불사와 만일사 모두 비슷한 전설에, 미완성의 마애불을 한 개씩 가지고 있다.

천안 만일사 마애불

성거산 정상 아래의 만일사晩日寺 경내에 있다. 절 이름은 마애불의 조성 전설과 관련이 있다. 바위를 쪼아 불상을 만들던 학이 날[日]이 저물자[晩] 날아가 버려서 마애불은 미완성인 채로 남았다. 마애불이 서북향이라 오후에 햇빛이 들고 오후 2시 30분~3시 30분쯤 선명한 모습을 볼 수 있다(소재지: 충청남도 천안시 서북구 성거읍 천흥4길 503).

천안 만일사 마애불_조각하다가 그만둔 듯 미완성인 채로 남아 있다.

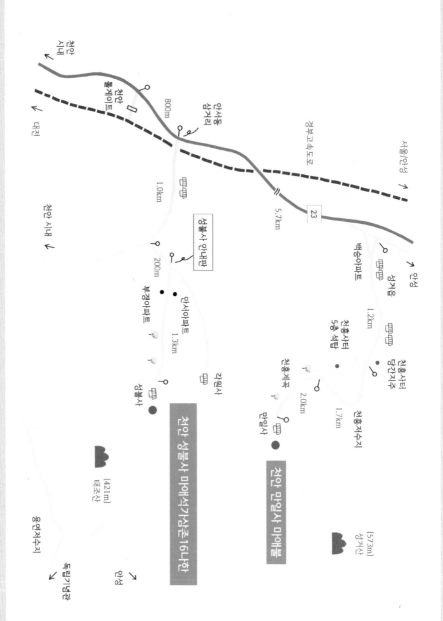

천안 시내 →
천안 톨게이트
대전 →
서울/안성 ↑

안서동 삼거리
800m
경부고속도로

천안 시내 →

1.0km

성불사 안내판

200m

부경약수터
안서약수터
1.3km

각원사

성불사

(421m)
태조산

독립기념관 ↗
안성 ↗
용연저수지

삼거리
안성 ↗
백운약수터
1.2km

천흥사터
5층 석탑

천흥사터
당간지주

천흥제2주차
2.0km
천흥계곡
1.7km

만일사

(573m)
성거산

천안 성불사 마애석가삼존16나한

천안 만일사 마애불

5.7km

23

6

강원 영월 무릉리
마애불

우리나라에도 무릉도원이 있다

주천강과 강가 바위, 높은 절벽, 운치 있는 소나무의 절경

SF영화에서 잘 훈련된 사회 구성원을 중심으로 운영되는 계획된 이상 사회가 배경이 되는 경우가 있다. 과연 인위적인 이상향이 오랫동안 지속 가능할까? 영화의 결말은 대개 그 사회가 여러 가지 모순점이나 부작용으로 무너지는데 인위적인 이상 사회가 불가능함을 보여준다.

가끔 심신이 피곤할 때 히말라야 산속에 있다는 샹그릴라나 무릉도원처럼 천혜의 이상향을 떠올릴 때가 있다. 특히 무릉도원은 중국 진나라 시대의 한 어부가 냇가를 따라 상류로 올라가다가 복사꽃 핀 숲을 지난 곳에서 우연히 발견했다. 사람들은 무릉도원에서 시간 가는 줄 모르고 행복하게 살고 있었다. 무릉도원이 우리나라에도 있으니 가봐야 하지 않을까?

마애불이 있는 절벽 위에서 내려다본 주천강.

요선암_둥근 모양으로 깊게 팬 돌개구멍을 가진 주천 강가 바위들.

영월의 북쪽, 주천강 물길이 굽이쳐 돌아내리는 곳에 무릉도원이 있다. 무릉리와 도원리가 함께 한다는 뜻으로 행정구역 명칭도 최근에 무릉도원면으로 바뀌었다. 상류에서 굽이굽이 흘러 내려오던 주천강이 차돌처럼 매끄러운 강가 바위마다 둥근 모양으로 깊게 팬 돌개구멍을 만들었다. 구멍이 뚫린 바위에는 세월의 신비가 느껴진다. 이 바위는 요선암이다. 요선암에서는 신선[僊]을 맞이하여[邀] 그들과 함께 모든 것을 잊고 술 한잔하면서 시간을 보낼 수 있다. 부근의 주천에서는 술이 샘솟고 있으니 술이 바닥날까 걱정할 필요도 없다. 게다가 강 옆에 높이 솟은 절벽과 그 위에 발붙이고 선 소나무는 몸을 비틀어 아름다움을 더해주고 있다. 강물에 복사꽃 잎이 떠내려오고 있다면 정말 무릉도원이라고 생각했을 것이다. 짧은 시간이지만 무릉도원 같은 절경에 빠져 있다 보니 속세의 번잡함은 저절로 잊고 마음은 한없이 편해진다.

입가에 오롯이 번지는 마애불의 미소에는 마음이 편안해지고

요선암 바로 옆에 높이가 50m 이상은 되어 보이는 절벽이 있다. 절벽 위의 아슬아슬한 곳에 특이한 모양의 바위가 한 개 있다. 바위에 높이 3.5m의 부처 모습이 새겨져 있다. 높은 돋을새김으로 새겨진 둥근 얼굴에 아침 햇빛이 스미니 지방화되고 토속화되는 고려 시대의 모습이 확실하게 드러난다. 질감이 투박하고 거친 바위 표면에 새겨진 얼굴은 막사발처럼 정이 간다. 큰 눈망울에 뭉툭하지만 높은 코는 먼 길을 달려온 피로감을 덜어줄 만큼 포근하다. 게다가 두툼한 입가에 오롯이 번지는 미소에는 마음이 편안해진다. 원만한 마애불의 얼굴을 보니 지방 석공

마애불_높은 절벽 위 바위에 새겨져 있다.

마애불 주변 전경_요선정과 3층 석탑이 있다.

의 솜씨치고는 꽤 괜찮은 편이다. 연꽃무늬를 꽉 차게 새겨 넣은 두광과 신광, 바닥을 앞으로 내보이는 두 발, 연꽃 대좌 등 세부적인 신체 묘사도 대체로 괜찮다. 하지만 하체가 상체보다 비정상적으로 커서 전체적인 비례감은 부족하다. 아래에서 위로 올려다보는 원근법을 적용하여 가까이 있는 아랫부분은 크게, 상대적으로 멀리 있는 윗부분은 작게 만들고자 한 것으로 보인다. 석공의 솜씨는 자기 생각을 따라가지 못한 듯하다. 그래도 마애불을 새긴 의미는 뚜렷하다. 마애불은 신선 세계를 부처 세계로 바꾸어 놓았다. 동시에 마애불은 부처 세계가 무릉도원처럼 아름다울 뿐만 아니라 머물면 마음도 편해지고 안식을 찾을 수 있음을 보여주고 있었다.

마애불 바로 옆에는 3층 석탑과 함께 요선정이라는 정자도 있다. 좁은 공간에 삼삼오오 몰려들었던 단체 관광객이 썰물처럼 지나간 자리에는 북적거림 대신 고요만 남았다. 어느새 땅거미가 조용히 내려앉았다. 영월버스터미널 옆 전통시장인 서부시장 안에는 메밀전병을 파는 곳이 여럿 있다. 시장에서 저녁밥 대신 김치를 넣은 메밀전병을 맛있게 먹었다. 무릉리 마애불은 계곡 물가에 있어서 산속 마애불보다 가기 쉬웠는데, 많이 걸은 탓인지 갑자기 피로감이 몰려들었다. 그제야 '내가 무릉도원이 아닌 속세에 와있구나.'라는 생각이 들었다.

강원 영월 무릉리 마애불

☀ **소재지** 강원도 영월군 무릉도원면 도원운학로 13—39_주천강가

☀ **조성 연대** 고려

☀ **문화재 번호** 강원 유형문화재 제74호

☀ **명문** 없음

☀ **답사 난이도** ★★☆☆☆(다소 쉬움)

☀ **아름다운 마애불을 볼 수 있는 시간** 오전 중. 동남향한 바위에 나무 그늘이 조금 진다.

···· 보충 내용 ····

요선정

마애불 옆에 있다. 숙종·영조·정조가 하사한 편액과 어제시를 봉안하기 위해 1913년 마을 주민에 의해 세워졌다. 옛날에는 주천현의 객관을 가운데에 두고 동쪽에 빙허루, 서쪽에 청허루가 있었다. 조선 숙종은 두 누각의 절경을 「빙허청허양루시(憑虛淸虛兩樓詩, 빙허루와 청허루)」라는 시로 지어 당시 강원감사에게 내려 주었다. 숙종은 영월에 유배되었다가 죽임을 당한 단종을 왕으로 복권하고 단종의 무덤을 장릉으로 추호한 왕이다. 청허루에는 숙종의 어제시 현판이 봉안되어 있었다. 후에 청허루가 불타 없어지자 영조와 정조도 직접 쓴 어제시 현판을 보내 중건된 청허루에 봉안했다. 역사 속 두 누각은 퇴락했지만, 1986년 현 위치에 빙허루만 건립돼 자리를 지키고 있다(소재지: 영월군 주천면 주천로 19—10).

요선암

주천강 강가에는 화강암 바위들이 널려 있다. 바위는 침식 작용으로 마모되어 차돌처럼 표면이 매끈하다. 바위 중간에는 둥근 모양으로 깊게 팬 돌개구멍이 있어서 신비함을 준다. 조선 시대 4대 명필 중 한 사람인 양사언(1517~1584)이 평창 군수로 있을 때 바위를 보고 요선암이라 이름을 지었다. 어쩌면 주천강 신선은 '신선놀음에 도낏자루 썩는 줄 모르고'가 아니라 '바위에 돌개구멍 생기는 줄 모르고' 세월을 즐겼을지도 모른다.

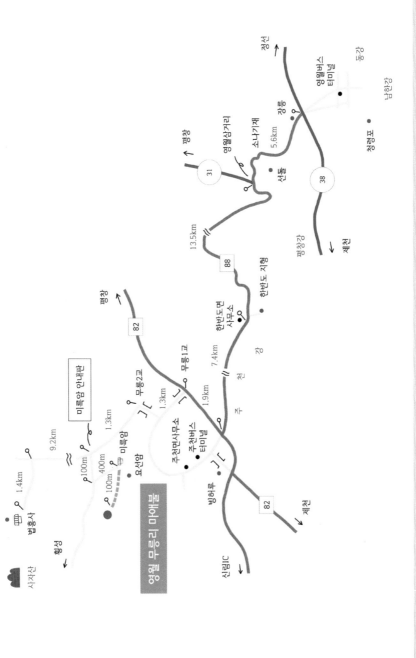

영월 무릉리 마애불

미륵암 안내판

사자산

횡성

법흥사

1.4km

9.2km

100m

미륵암

100m

400m

요선암

무릉2교

1.3km

무릉1교

주천면사무소

주천버스
터미널

1.9km

방하루

신림IC

82

82

제천

주천

한반도면
사무소

7.4km

한반도 지형

88

13.5km

평창

평창강

제천

31

평창

영월삼거리

소나기재

5.6km

선돌

38

청령포

장릉

영월버스
터미널

동강

남한강

정선

7

인천 강화 보문사
마애보살

해 질 녘 서해에 아름다운 극락세계를 열다

마애불이 부처 세계를 보여주는 다양한 방법

마애불이 부처 세계를 보여주는 방법에는 크게 세 가지로 분류할 수 있다. 첫째는 부처의 모습만 새기고 바위를 보면서 부처 세계를 상상하는 것이다. 둘째는 부처 세계를 바위에 직접 새겨서 눈으로 보여준다. 셋째는 아름다운 산속이나 계곡 안의 절경에 마애불을 함께 두고 자연과 어우러지는 부처 세계의 모습을 보여주는 것이다.

대부분의 마애불이 첫 번째에 해당한다. 바위가 크든 작든 바위 속에는 사람의 상상으로 존재하는 부처 세계가 있다고 믿는다. 두 번째는 동서남북 네 면에 아름다운 부처 세계가 새겨진 경주 남산의 탑골 마애불상군(보물 제199호)을 예로 들 수 있다. 세 번째는 강원도 영월의 무릉리 마애불, 충북 괴산의 화양9곡 내에 있는 도명산 마애불이 대표적이다.

인천 강화의 석모도에 있는 보문사 마애보살도 세 번째 경우에 해당한다. 마애보살상은 아름다운 부처 세계가 바다에 있다는 것을 보여준다. 보살상은 석양이 질 무렵 짧은 시간에 넓은 바다에서 사람들에게 환상적인 부처 세계를 펼쳐준다. 게다가 마애불 가는 길에는 세상사를 털어주는 시원한 바닷바람도 있으니 가볼 만하지 않은가?

생활 속 답답함을 시원하게 풀어주는 강화의 석모도

마애불이 있는 석모도는 강화도에 딸린 섬이다. 석모도로 들어갈 때는 자신도 모르게 뼛속까지 쌓여 있던 생활 속 먼지와 응어리, 답답함이 풀리는 것을 느낄 수 있다. 특히 2017년 석모대교가 생기기 이전에 선착

낙가산 정상 부근의 눈썹바위 전경_오른쪽에 마애보살이 새겨져 있다.

장을 오가던 뱃길에서는 더욱더 그러했다. 비록 편도 5분의 뱃길이지만 새우깡과 함께 하는 갈매기의 묘미, 새하얀 파도, 시원한 바닷바람은 석모도를 찾는 사람만이 누릴 수 있는 특권이었다.

게다가 보문사 입구의 상가 길에서는 섬마을만의 특색이 가득 펼쳐진다. 4월 초의 보문사 앞 상가 길에는 강화 순무 김치, 밴댕이회가 있고 말린 보리새우들이 됫박에 수북이 쌓여 있다. 직접 채취한 나물을 팔면서 맛보라고 권하는 할머니의 따뜻한 인심도 느낄 수 있다.

상가 초입에 서면 낙가산이 보인다. 정상 부분은 거대 암반으로 덮여 있어 모양이 특이하다. 암벽의 아랫부분에 눈썹처럼 생긴 바위가 보이는데 이곳에 마애불이 있다. 여기서 낙가산이라는 이름은 관음보살이 있다는 인도의 '보타낙가산'에서 따왔다. 그래서 낙가산 중턱에 있는 보문사

마애보살 전경_ 눈썹바위의 마애보살이 석양에 황금색으로 빛난다.

는 관음보살이 상주하는 관음성지로 알려져 있다. 관음보살은 현실 세계에서 어려움이 생긴 사람이 부르면 언제든지 도와주러 온다는 보살이다.

세련미가 좀 부족해 보이는 마애보살, 하지만……

법당 옆으로 난 계단을 10분 정도 오르면 마애보살상을 볼 수 있다. 오르는 계단이 여간 힘들지 않다. 계단에서 쉬면서 주변을 내려다보면 바로 앞으로 물 빠진 서해안 갯벌이 넓게 펼쳐진다. 드디어 마애보살이 새겨진 눈썹바위가 보인다. 경사진 암벽 면을 파서 조그맣게 만든 길을 따라 바위 앞에 올라선다. 앞에 서면 바위의 크기에 압도당한다. 뒤로 누운 듯 움푹 팬 암벽이 약 30m 정도 길이로 펼쳐진다. 툭 튀어나와서 위를 덮고 있는 덮개석도 거대하기 짝이 없다. 보살상은 머리에 보관을 쓰고 있다. 손바닥을 위로 향하게 끼고 있는 두 손 위로는 조그만 물병을 얹고 있다. 도깨비방망이, 여의주처럼 물병 안에는 마시면 소원을 들어준다는 물이 들어 있다. 보살상 아래에는 관세음보살이라는 글이 새겨져 있다.

마애불 왼쪽 옆에 금강산 표훈사의 주지였던 화응선사가 마애불을 만들었다는 명문이 있다. 보살상은 일제 강점기인 1928년에 만들어졌는데 고풍스러운 멋은 없고 새것 같은 느낌을 준다. 전체적으로는 바위 면에 도드라지게 새겨졌지만 왠지 모르게 밋밋한 느낌이 든다. 네모난 얼굴에 딱딱한 어깨, 어색한 표정 등 세련미도 부족하다. 보살상 자체로는 작품성이나 문화사적인 의미가 약하지만 해가 바다에 떨어질 무렵에는 이야기가 달라진다.

보살상이 주는 치유와 덤으로 받는 서해 낙조

땅거미가 지면서 눈썹바위 주변에 어둠이 내려앉는다. 어둠 속에 보살상의 모습도 희미하게 사라져 간다. 그럴수록 보살상이 바라보는 바다에는 붉은색 기운이 넓게 퍼진다. 하늘에 있는 해와 쌍둥이인 것처럼 바다 표면에도 물결에 흔들리는 해가 보인다. 해가 바닷속으로 빠질 때가 가까웠음을 알려주는 징표다. 갯벌로 다시 돌아오는 바닷물도 해를 품은 듯 곳곳에 붉은색을 드리우고 있다. 낙조가 펼치는 황금빛 세계가 마침내 열리기 시작한다.

처음 옅은 주황색이었던 해는 바다 표면에 가까워질수록 짙은 주홍색을 띤다. 마치 허공에 매달린 잘 익은 홍시 같다. 해가 바다에 완전히 떨어질 무렵이면 해는 어둠 속에서 짙은 보라색이 되고 분위기는 좀 더 엄숙해진다. 마지막 순간을 함께 하려는 집중력도 커져만 간다. 마침내 눈앞에 보이는 것들이 어둠 속으로 사라져 버렸다. 주변에서 함께 하던 사람들의 탄식이 들린다. 처음 해가 질 때는 환호성과 감탄으로 시작했는데 아쉬움 때문일까? 요동치던 마음이 바다를 보면서, 바닷바람을 맞으면서 차분한 마음으로 되돌아온다.

가까이서 보면 멋없는 보살상이다. 하지만 서해의 대자연과 함께하면서 아름다움과 가치를 극대화했다는 점에서는 종교적으로 최고의 감동을 주었다. 게다가 보살상 앞에서 펼쳐진 서해를 보니 막혔던 가슴이 뻥 뚫렸다. 보문사 마애불을 찾아온 사람은 마애보살상에서 정신적 위안과 치유뿐만 아니라 눈앞에 펼쳐진 서해 낙조라는 천혜의 선물도 덤으로 받는 셈이다.

마애보살 앞의 낙조_해가 바다로 떨어질 준비를 하고 있다.

인천 강화 보문사 마애보살

- ✄ **소재지** 인천광역시 강화군 삼산면 삼산남로828번길 44_낙가산 정상 부근
- ✄ **조성 연대** 일제 강점기(1928)
- ✄ **문화재 번호** 인천 유형문화재 제29호
- ✄ **명문** 있음
- ✄ **답사 난이도** ★★★☆☆(무난함)
- ✄ **아름다운 마애불을 볼 수 있는 시간** 오후 중. 남서향 암벽에 오후 내내 햇빛이 드나 마애보살
  위의 덮개석 그림자가 마애불에 드리운다.

······ 보충 내용 ·······

보문사

보문사는 신라 선덕여왕 4년(635)에 회정대사가 창건했다고 한다. 어떤 어부가 그물에 걸린 돌덩이 22개를 지금의 석굴 법당에 모시면서 처음 건립되었다. 돌덩이는 지금도 석굴 내 감실에 모셔져 있다. 『동문선』 제18권 칠언배율 편에 고려 중기의 문신 이수가 지은 시 「보문사普門寺」가 있다.

시에 따르면 파도가 넘실대는 바다를 배경으로 절 주변에는 쇠코끼리가 엎드린 듯한 기이한 바위가 있다. 절 안에 있는 전각은 장엄하고 누대는 우뚝 솟아 있다. 승려 들은 법을 듣고 있거나 면벽 수행하며 장작불을 지피거나 차를 달이고 있다. 예나 지금이나 변함없이 평온한 절의 모습이다.

경내 전경_왼쪽의 석굴 법당 위로 마애불이 있는 눈썹바위가 보인다.

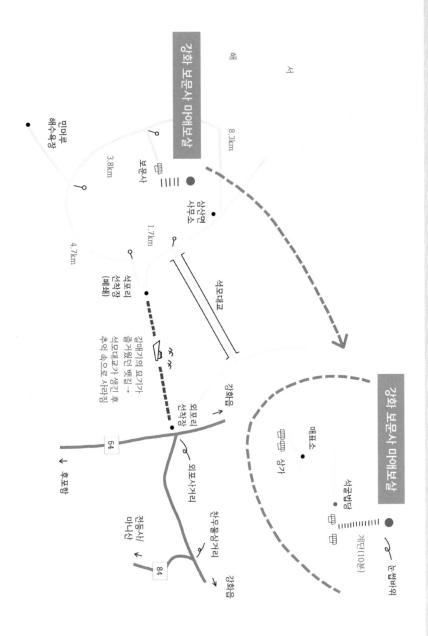

8

경기 과천 용운암
마애승용군

스님들, 사진 찍습니다

관악산 기슭의 바위에 새겨진 다섯 명의 스님 얼굴

우리나라 바위에 새겨진 불상은 부처상, 보살상 등이 대부분이다. 마애불은 부처와 보살의 공덕을 기리면서 세상에서 탈 없이 지내고 극락세계에 갈 수 있게 해 달라는 염원을 담고 있다. 그리고 천상의 아름다운 부처 세계에서 하늘을 떠다니는 비천상, 입구에서 부처 세계를 지키는 신장상도 등장한다.

드물지만 스님을 바위에 새긴 예도 있다. 경기 이천 영월암 마애불의 덕망 높은 고승, 경주 남산 탑골 마애불상군 동면의 나무 아래서 수행하는 스님, 경기 안양의 석수동 마애종처럼 종을 치는 스님 등이다. 또

마애승용군 전경.

과천에 있는 용운암 마애승용군처럼 바위에 다섯 명의 스님 얼굴을 새긴 것도 있다. 승용僧容은 스님[僧] 얼굴[容]이란 뜻이다.

출가의 인연을 기념하며 새긴 듯한 단체 사진

마애불에 새겨진 다섯 스님의 얼굴은 오전 8시 30분부터 햇빛을 받아 금빛으로 빛난다. 별도의 조명이 필요 없다. 얼굴로 보아서는 나이가 들어 보이는 스님도 있고 나이 어린 동자승도 있다. 방긋 웃고 있는 눈과 입, 일자형의 뭉툭한 코라는 공통점이 보는 이의 마음을 정겹게 해 준다. 특히 하부의 네 번째 스님 얼굴은 다섯 얼굴 중에 백미다. 동그란 얼

84

바위에 새겨진 스님 얼굴.

굴에 입체감 있는 눈, 코, 입과 빠져들게 만드는 싱그러운 미소가 장인의 예술 솜씨를 한층 빛내 준다. 어쩌면 속세의 티를 막 털어낸 동자승일지도 모르겠다.

요즘처럼 손쉽게 추억을 남길 수 있는 카메라가 없던 시절, 주변의 절에 머물던 다섯 명의 스님이 출가의 인연을 기념하듯 바위에 얼굴을 새긴 것일까? 『삼국지』의 유비, 관우, 장비처럼 무릉도원 결의한 추억을 바위에 영원히 얼굴로 새겨두고자 했을까? 요즘 사람들이 웃는 얼굴 사진을 찍는 것처럼 스님들이 방긋 웃고 있는 것일 수도 있다.

얼굴은 정면을 보는 세 개와 옆모습으로 두 개를 새겨서 구도에서 나름의 변화를 주었다. 또 바위 아래에는 꽃 모양 같은 알 수 없는 무늬를 새겨서 궁금증을 더한다. 요즘의 사진을 보정하는 프로그램처럼 얼굴을 개성 있고 예뻐 보이게 하려고 배경으로 꽃무늬를 넣은 것일까? 오전 10시가 되면서 바위에 그늘이 들기 시작한다. 궁금증이 풀리기도 전에 스님 얼굴의 밝은 미소도 그늘 속으로 사라졌다.

경기 과천 용운암 마애승용군
- ❈ **소재지** 경기도 과천시 교육원로 114-1_관악산 입구
- ❈ **조성 연대** 고려
- ❈ **문화재 번호** 과천 향토유적 제4호
- ❈ **명문** 없음
- ❈ **답사 난이도** ★★☆☆☆(다소 쉬움)
- ❈ **아름다운 마애불을 볼 수 있는 시간** 하절기의 오전 8시 30분~10시. 바위가 동북향이라 시간을 넘기면 그늘 속으로 들어간다.

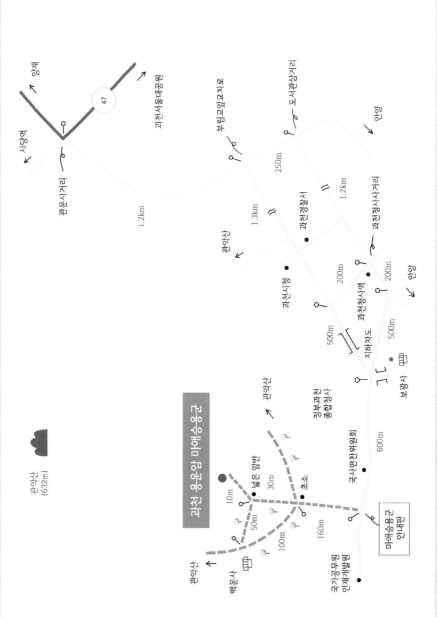

관악산
(632m)

과천 용운암 마애승용군

과천 용운암 마애승용군 안내판

관악산 ←
백운사

국가공무원
인재개발원

국사편찬위원회

정부과천
종합청사

10m
붉은 암반
30m
초소
50m
100m
160m
600m

관악산 →

관악산 →

지하차도
500m
500m

보광사

과천청사지역
200m
200m

과천시청
200m

안양 →
안양 →

과천청사사거리
1.2km

관악산 →
1.3km

과천경찰서

250m

부림교앞교차로

도서관삼거리

안양 ←

47

관문사거리
1.2km

← 사당역
양재 →

과천서울대공원 →

9

경남 산청 도전리
마애불상군

인생은 짧고 예술은 길다

여러 이유로 훼손되었거나 훼손되고 있는 문화재들

2001년 3월쯤 바미안 대불의 폭파 장면이 뉴스에 방영되어 큰 충격을 주었다. 실크로드에 있는 바미안 대불은 유네스코 세계문화유산이었다. 탈레반 정권이 불교국가 시대에 만든 바미안의 큰 부처상 두 개를 몇 초 만에 폭파했다. 이슬람교를 믿는 탈레반 정권이 종교가 다르다는 이유로 문화유산을 파괴한 것이다.

그러고 보니 남 이야기할 필요도 없다. 2008년 2월에는 숭례문이 개인 방화로 불타는 것을 보고 전 국민이 큰 충격에 빠졌다. 정권이 바뀔 때 종교가 다르다는 이유로 문화유산이 파손되고 소중함을 모르는 사람들에 의해 훼손되기도 했다. 게다가 많은 문화재가 거란, 몽골, 왜구, 청 등 외적의 침입 때 소실되거나 약탈당했다. 문화재 반환 운동을 벌이면서 약탈당한 문화재들이 그 빛을 되찾았지만 앞으로 얼마나 많은 시간과 노력을 들여야 할지 생각하면 안타깝다.

마애불도 마찬가지다. 단단한 바위에 새겨졌지만 처음 조성할 때의 목적처럼 화강암이 주는 영원불멸성을 보장받지 못한다. 세월이 흐르면서 바위에는 균열이 생긴다. 게다가 바위에 새겨진 조각 선이나 입체적인 양감은 비바람에 마모되어 희미해진다. 그러나 자연적인 요인 외에 인위적으로 행해진 훼손도 있다. 최근에는 도로 공사 등으로 훼손되거나 다른 곳으로 이전되기도 한다. 마애불은 본래의 조성 목적에 맞게 제자리에 있어야 마애불의 아름다움과 의미가 훼손되지 않는다고 생각한다.

경남 산청의 도전리에는 암벽에 무려 30개 이상 되는 불상이 새겨진 마애불이 있다. 그러나 마애불에는 인위적인 훼손을 당한 흔적들이 곳곳에 남아 있다. 또한 마애불 옆에는 낙서처럼 새겨진 글도 많이 있다. 마애불 사랑, 크게는 문화재 사랑이라는 마음으로 산청 도전리 마애불상군에 가보면 어떨까?

우리나라에서 가장 많은 불상이 새겨진 마애불

하류에서 남강과 만나는 양천강을 거슬러 상류로 올라간다. 강을 따라 도로도 옆에서 함께 달린다. 상류의 어은마을 입구, 도로 옆 낮은 암벽에 마애불이 있다. 강 건너편에서 보면 암벽은 높이 10m 정도 된다.

마애불상군 전경_양천강에 인접한 도로 옆 절벽에 새겨져 있다.

도로 옆 나무 계단 길에 올라선다. 여기가 마애불로 가는 출발점이다. 계단 옆에 밤나무들이 늘어서 있다. 여물어가는 밤송이 사이로 3~4개의 짙은 갈색 밤이 햇빛에 반짝반짝 빛난다. 쉬엄쉬엄 올라선 나무 계단 길 높은 곳에서 내려 조그만 오솔길로 갈아타면 길 끝에 마애불이 있다. 눈앞에 양천강이 훤히 내려다보인다.

9월 말의 이른 아침 햇살을 받으며 마애불이 모습을 드러낸다. 보호를 위해 암벽과 일정 거리를 두고 나무 난간이 설치됐지만 현장에서 보는 생생함은 그대로 살아 있다. 잘 다듬어진 암벽의 전체 크기는 폭 10m에 높이 4.5m 정도다. 앞으로 약간 기울어진 암벽의 중앙에 조그만 불상이 옹기종기 모여 앉아 있다. 암벽에는 대체로 온전한 것을 비롯하여 몸체나 좌대만 남아 있는 것 등 눈으로 확인한 것이 약 30개 정도 된다. 그리고 2011년 마애불상군을 조사한 국립진주박물관 자료에 따르면 최소 36개 이상의 마애불이 있다고 한다.[15]

15 임학종·조효식·전상훈, 『산청 도전리마애불상군』(국립진주박물관, 2012), 26쪽.

정면에서 보아 암벽의 왼쪽에 새겨진 마애불.

정면에서 보아 암벽 중앙의 마애불.

　　30개 이상 되는 마애불은 일정한 기준으로 배열되어 있다. 즉 위계에 따라 마애불의 크기가 결정되고 암벽의 가장 높은 곳인 6단에서 가장 낮은 1단으로 배치되었다. 서 있을 때 허리 아래에 해당하는 암벽의 아래쪽 1, 2, 3단에 마애불이 거의 다 모여 있다. 소형 마애불은 가장 작은 것이 높이 약 10㎝이고 대개 약 20~30㎝의 크기이다. 그리고 정면에서 보아 위쪽 4단의 오른쪽 끝 둥근 감실에도 마애불이 한 개 있다. 상태는 거의 온전한 편이다. 현장에서는 1단에서 4단 정도만 쉽게 볼 수 있다. 그러나 국립진주박물관의 조사에 따르면 6단 암벽 중앙에도 신체와 연꽃 대좌 일부가 남아 있는 마애불 한 개가 발견되었다. 모습이 온전했다면 크기가 꽤 컸을 것이다. 그래서 불상군의 주불은 이전에는 4단 감실의 마애불로 보았으나 박물관의 조사 이후는 6단의 불상을 주불로 추정한다.

다양한 부처가 모인 다수불 신앙의 모습

조그만 마애불들이 많지만 모두 연꽃 대좌, 광배 등 갖추어야 할 것은 다 갖추고 있다는 점이 놀랍다. 또 가슴이 V자형으로 파진 통견의 옷과 일정 간격으로 반복되는 옷 주름도 거의 동일하다. 게다가 조각은 섬세하면서 선명하다. 지방 석공의 솜씨치고는 꽤 괜찮고 조각에 들인 석공의 정성도 함께 느껴진다. 그러나 자세히 보면 마애불의 손 모양은 다양해서 여러 종류의 불상을 새겼음을 알 수 있다. 약그릇을 들고 있는 부처, 설법을 하는 부처, 옷소매 안에 두 손을 넣고 있는 부처 등이 있다. 암벽의 4단 감실에 있는 마애불은 아미타불의 손 모양을 하고 있다. 그래서 마애불은 다양한 부처가 있는 다수불 신앙의 모습을 보여 준다.

마애불 앞에 서면 황금빛으로 벼가 익어가는 들판이 보인다. 옛사람들은 다양한 부처가 지켜주면 마을은 훨씬 평안해지고 풍요로워진다고 생각했던 것으로 보인다. 마애불의 조성 목적을 바로 앞에 흐르는 양천강과 연관해 설명하는 의견도 있다.[16] 지금은 흐르는 물의 양이 적고 강 중간에 조그만 바위들이 드러나 있지만 옛날에는 뱃길이 있었다. 『신증동국여지승람』제31권 단성현 편에 따르면 양천강이 흐르는 주변에 신안진이라는 나루가 있었다. 그래서 마애불은 양천강 뱃길에서 사람들이 무사 안전을 빌기 위해 조성된 것으로 추정한다.

아끼고 소중하게 다루어야 할 우리 마애불

마애불 중에는 얼핏 보아도 심하게 훼손된 마애불이 몇 개 있다. 물론 사암 계통의 암벽이라 쉽게 바위 면이 떨어지거나 자연 마모된 것도 있다. 그러나 의도적으로 마애불을 통째로 도려내거나 두 눈을 파낸 인위적인 훼손도 있다.

마애불 왼쪽 어깨 옆에 낙서처럼 새겨진 20개 정도의 명문도 훼손은 아닌지 논란이 되기도 했다. 일반적으로 명문은 조성 연대, 목적, 조성자 등을 파악하는 데 도움을 준다. 그러나 불상군의 명문은 정확한 뜻을 알 수 없는 글자와 생生, 선생先生 등으로 끝나는 3~4개의 짧은 글자로 이루어져 있다. 처음에는 불교를 억압하던 조선 시대에 유생들이 새겼을 것으로 보았다. 임진왜란 때 조선으로 왔던 일본 승려들이 새겼다는 의견도 있었다.[17] 승려들이 일본으로 무사히 되돌아가기를 기원하면서 마애불 옆에 자신의 이름을 새겼다는 것이다. 그러나 국립진주박물

16 김순정, 「산청 도전리마애불상군 연구」, 동아대 석사논문, 2010, 61쪽.
17 성춘경, 「산청 도전리마애불상군의 고찰」, 『문화사학』 제27호(한국문화사학회, 2007.6), 647~648쪽.

통째로 절단된 마애불.   두 눈이 파인 마애불.

관의 조사에서는 명문의 뜻은 알 수 없으나 마애불이 조성된 고려 시대에 명문을 함께 새긴 것으로 추정한다.

마애불을 본 후 안타까운 마음으로 오솔길을 되돌아 나오는데, 뒤에서 암벽의 마애불들이 이구동성으로 무언가를 외치는 듯했다. "인생은 짧고 예술은 길다."

경남 산청 도전리 마애불상군

※ **소재지** 경상남도 산청군 생비량면 도전리 산61―1_양천강가
※ **조성 연대** 고려
※ **문화재 번호** 경남 유형문화재 제209호
※ **명문** 있음
※ **답사 난이도** ★☆☆☆☆(쉬움)
※ **아름다운 마애불을 볼 수 있는 시간** 오전 중. 남동향한 암벽에 나무 그늘이 진다.

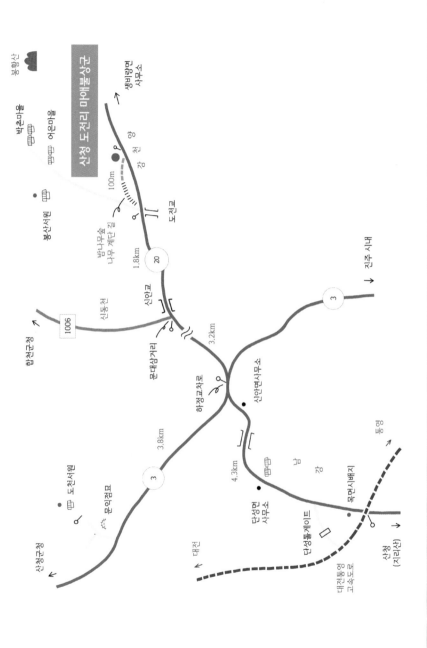

산청 도전리 마애불성군

밤나무숲 나무 계단길
100m
1.8km
20
도전교
신안교
3.2km
문태삼거리
1006
신동천
합천군청
생비량면 사무소
강 천 양
박촌마을
어은마을
봉황산
봉산서원
하정교차로
신안면사무소
3
진주 시내
도천서원
문익점묘
산청군청
3.8km
3
대전
단성면 사무소
4.3km
강 남
목면시배지
단성톨게이트
단성IC
대전통영 고속도로
통영
산청 (지리산)

마애불 뒤에 숨은
역사의 흔적을 보다

1

충남 보령 왕대사
마애불

항복할 것인가?
신라 마지막 경순왕의 시름을 달래다

신라 마지막 경순왕이 전설로 부활한 왕대사 마애불

'마지막'이라는 단어는 왠지 모를 아쉬움과 안타까움, 후회, 회한 등의 감정을 남겨 준다. 프랑스 작가 알퐁스 도데의 『마지막 수업』에서는 철없는 소년 프란츠가 이미 때늦은 후회를 한다. 주인공은 마지막 프랑스어 수업이 되어서야 공부를 게을리 한 것을 뉘우친다. 그런가 하면 권력을 누리다가 나라가 망하고 비참하게 죽은 왕의 처절한 회한도 있다.

역사에서 새 출발은 승자의 편에 있고 마지막은 패자의 편에 있다. 그래서인지 마지막 왕, 마지막 황제, 마지막 태자, 마지막 황태자, 마지막

공주, 마지막 옹주 등이 대부분 슬픈 운명과 함께 역사의 뒤안길로 사라져갔다. 그런데 슬픈 운명의 사람들이 지역 곳곳에서 전설로 부활하기도 한다.

태봉의 수도 철원에서는 망국의 회한을 가진 궁예가 지명과 함께 전설로 남았다. 후백제의 견훤은 경북 문경에서 탄생 설화와 성장 이야기로 새롭게 태어났다. 신라의 마지막 왕인 경순왕과 맏아들 마의태자 역시 시대를 거치면서 여러 지역에서 전설로 부활했다. 태봉, 후백제, 신라는 모두 고려에 망한 나라다. 특히 신라의 경순왕과 관련된 마애불이 충남 보령의 왕대사와 강원 원주의 주포리에 있다. 전설과 함께 역사에서 전하는 경순왕의 발자취를 따라 보령의 왕대사로 가보는 건 어떨까?

신라 경순왕이 앉아 시름을 달랬다는 바위, 왕대

버스에서 내려 왕대사를 향해 가는 논길 내내 나지막한 왕대산이 눈에 들어온다. 산 정상 부근의 왕대사라는 절에 마애불이 있다. 산 아

내항3통 마을회관 옆길서 바라본 왕대산.

래 내항3통 마을에 사는 아저씨가 친절하게 마을 이야기를 들려준다. 아저씨는 왕대산과 주변의 낮은 구릉지를 제외하고 지금의 논이 있는 곳은 이전에 바다였다고 한다. 마침내 올라선 왕대사. 아침 일찍 왕대사를 찾은 낯선 나그네에게 차 한 잔을 권하는 주지 스님의 대접이 살갑기만 하다. 게다가 왕대의 전설을 전하는 스님 목소리에는 자긍심도 넘친다.

왕대산, 왕대사 등 왕대라는 이름이 특이하다. 왕대王臺는 이름 그대로 왕[王]이 앉는 자리[臺]이다. 거대 병풍처럼 펼쳐진 경내의 암벽 중앙에 옥좌 모양의 큰 바위 하나가 툭 튀어나와 있다. 큰 바위가 왕대이다. 왕대는 허공에 붕 떠 있듯 암벽에 붙어 있다. 주지 스님도 10분 전 길에서 만난 마을 아저씨와 같은 이야기를 해 주신다. 지금은 절 아래 논까

암벽 앞으로 툭 튀어나온 왕대와 마애불.

지 간척되어 육지로 바뀌었는데 이전에는 왕대에 앉으면 바로 앞에서 파도가 출렁거렸다고 한다. 그렇다면 왕대에 앉아 발밑에 출렁이는 파도를 보면서 시간을 보낸 왕은 누굴까? 전설에 따르면 신라의 마지막 왕인 경순왕(재위 927~935)이다. 경순왕은 포석정을 기습한 후백제 견훤에 의해 뜻하지 않게 왕으로 옹립되었다. 결국 경순왕은 신라 제56대 왕이자 마지막 왕이 되는 비극적인 운명을 맞이했다.

고려 왕건에게 항복한 경순왕이 가졌을 처절한 회한

경순왕 이야기는 약 1,100년 전의 후삼국 시대로 거슬러 올라간다. 후삼국 시대에 약소국 신라는 고려, 후백제라는 두 강대국의 치열한 통일 전쟁 틈에서 괴로워했다. 그즈음 견훤이 신라 수도 경주의 포석정을 기습한 사건이 있었다. 후백제가 친고려 정책을 펴고 있던 신라를 침략한 것이다. 견훤은 경애왕을 강제로 자살하게 하고 많은 사람을 죽였다. 그리고 경애왕의 외사촌 동생인 경순왕을 왕으로 옹립하였다(927년). 이때 경애왕의 요청으로 신라를 구하러 가던 왕건은 경애왕이 죽었다는 소식을 접했고 대구의 팔공산 지역에서 견훤과 붙었다가 대패했다. 이 사건이 역사적으로 유명한 공산전투(동수회전, 927년)다.

내정 파탄과 후백제 압박 등으로 신라는 점점 더 약해져 갔다. 경순왕은 왕조를 이어 가야 할지, 고려에 항복해야 할지 많은 고민을 했다. 신하들도 항복에 찬성하는 파와 반대하는 파로 나뉘었다. 왕자는 항복에 결사코 반대하였다. 머리가 복잡해진 경순왕은 전설처럼 왕대까지 와서 파도 소리를 들으며 머리를 식히고 시름을 달래었을까? 천년 사직을 이 지경까지 이르게 한 자신의 무능함과 자책감을 바닷물에 씻어 내고자 했을까?

견훤의 첫째 아들 신검은 견훤을 금산사에 가두고 견훤이 왕위를 물려주고자 했던 넷째 아들 금강을 죽였다. 금산사에서 도망친 견훤은 고려 왕건에게 투항했다(935년 6월). 왕건에 투항한 견훤도 고민을 거듭하던 경순왕에게 자극제가 되지 않았을까? 경순왕은 그해 11월에 마침내 문무백관을 이끌고 경주에서 개성으로 향했다. 수레와 말이 약 12km나 되는 길에 펼쳐졌고 사람들은 담을 싼 듯 모여서 행렬을 구경하였다. 개성에 도착한 경순왕은 왕건에게 무릎을 꿇었다.[18] 신라를 세운 박혁거세부터 마지막 경순왕까지 천년 사직(992년간, 56명의 임금) 신라가 역사에서 사라지는 순간이었다. 이때가 고려가 후백제를 멸망시키고 후삼국을 통일하기 1년 전이었다.

경순왕의 항복을 결사반대했던 마의태자의 흔적들

견훤은 경순왕보다 먼저 고려에 투항하고 후한 대접을 받았다. 하지만 자식과의 내분으로 나라를 빼앗겼다는 울분과 괴로움 때문이었을까? 견훤은 고려 투항 1년 만에 70세의 나이로 등창이 나서 죽었다(936년). 견훤의 죽음을 보고 들었을 경순왕의 마음은 어땠을까? 천년 사직을 고려에 넘긴 경순왕이 아니었던가? 경순왕은 고려에서 후한 영접을 받았다. 왕건의 맏딸과 결혼하여 왕건의 사위가 되었고 태자보다 높은 지위에 있는 정승의 벼슬을 받았다. 녹봉으로 매년 1천 석을 받았고 조

---

18 김부식, 이병도 역주, 『삼국사기』(을유문화사, 2009), 317쪽.

제천 덕주사 마애불_마의태자의 여동생인 덕주공주가 조성했다는 전설이 있다.

세 수입을 얻을 수 있는 식읍食邑으로 경주를 얻었다. 그러나 자식들과 헤어져 소식조차 몰랐을 경순왕의 마음은 편했을까?

맏아들의 행적은 경순왕이 죽고 먼 훗날 『삼국사기』와 『삼국유사』에서 전한다. 항복에 반대했던 왕자는 경순왕이 고려에 항복하자 통곡하며 하직 인사를 하고 금강산으로 들어갔다. 그리고 바위 밑에 집을 짓고 마의麻衣를 입고 풀을 먹으며 일생을 마쳤다. 이 맏아들이 마의태자였다. 마의태자가 경주에서 금강산으로 들어가던 길에는 약 1,100년이 지난 지금도 그와 관련된 전설이나 지명, 유물, 유적이 많이 남아 있다. 그만큼 태자의 울분과 한이 컸던 탓이었을까?

경주를 떠난 마의태자는 문경에서 계립령을 넘어 충주로 들어섰다. 고개를 넘자마자 지금은 터로 남은 미륵리에 5층 석탑과 석불 등이 있는 절을 세웠다. 여동생 덕주공주는 주변의 월악산 중턱에 덕주사를 세웠고 미륵리 절터의 석불을 바라보는 덕주사 마애불을 조성했다고 전해진다. 양평의 용문사에는 마의태자가 지팡이를 심어서 된 전설의 은행나무가 있다.

인제에는 마의태자의 신라 부흥 운동과 관련된 것으로 보이는 지명과 유물이 있다. 태자가 신라의 옥새를 숨겼다는 옥새바위, 군량미를 저장했다는 군량리軍糧里, 병사들이 저항했다는 항병골抗兵谷, 마의태자의 이름인 김부가 들어간 김부리金富里 등이다. 지명을 통해 『삼국사기』나 『삼국유사』에서 전하는 것처럼 마의태자가 금강산에서 일생을 마친 것이 아니라고 보기도 한다. 마의태자가 경주에서 출발하여 북쪽으로 올라가면서 세력을 모아 인제에서 신라 부흥 운동을 벌였다는 것이다.

경순왕이 이루지 못한 미래 세계 희망을 담은 마애불

마애불은 왕대 바로 옆 암벽에 새겨져 있다. 마애불은 오전 중에 잠시 모습을 드러냈다가 종일 그늘 속에 묻힌다. 게다가 선으로 새겨지고 마모도 심해 모습을 제대로 보기가 쉽지 않다. 그나마 오전 10시경에 선명한 모습을 드러낸다. 곱슬머리가 희미하게 보이고 머리와 육계, 귀가 하나로 묶어서 표현되었다. 도토리 모양의 얼굴도 인상적이다. 눈, 코, 입 등은 마모되어 잘 보이지 않는다. 마애불의 미소를 보려는 사람들에게는 아쉬움을 준다.

보령 왕대사 마애불_선으로 새겨진 데다 마모가 심하다.

마애불이 언제 조성되었는지는 정확히 알 수 없으나 나말여초로 추정된다. 왕대에 앉았던 경순왕이 마애불을 조성했다는 전설도 있다. 그러나 왕이 조성했다고 보기에는 여러 가지 면에서 부족하다. 또한 이런 의문도 남는다. 경주 바로 옆에 동해가 있는데 경순왕이 굳이 왕대까지 와서 바닷바람을 쐴 이유가 있을까? 무열왕의 제26대손 무염국사가 중창한 부근의 성주사에 들렀다가 왕대에 왔을까? 경순왕은 무염국사보다 약 100년 뒤에 태어나 무염국사를 만났을 가능성이 없는데 그냥 왕대에 들렀을까?

경순왕은 '마지막'이 주는 비극을 겪은 왕이었다. 그러나 "무고한 백성들의 간과 뇌가 길에 떨어지게 할 수 없다"라며 끝까지 백성의 안위를 걱정했다. 『신증동국여지승람』 제20권 충청도의 남포현 편에 "김부대왕 사당이 옥마산 산마루에 있다"라는 내용이 있다. 김부대왕으로 불린 경순왕이 후대에 마을 사람을 지켜주는 민간 신앙의 대상으로 추앙받았다는 기록이다. 왕대사 마애불 역시 민간 신앙의 성격으로 후대에 경순왕의 전설로 부활한 면도 있다. 어쨌든 전설이 사실이라면 경순왕은 왕대사 암벽에 자신이 이루지 못한 새로운 이상 세계에 대한 꿈과 희망을 미륵불로 남겨두었다. 그러나 지금의 마애불은 말이 없다.

서라벌에서 잊힌 신라의 마지막 왕

항복한 경순왕은 개성에서 가까운 경기도 연천에 묻혔다(978년). 신라의 왕은 죽어서 경주에 묻혔지만 경순왕은 그러지 못 했다. 신라 마지막 왕의 슬픈 운명이었다. 조선 시대의 경주에는 정수원淨壽院 옛 절의 빈 각에 경순왕 사당이 있었다. 조선 시대의 매월당 김시습이 경주 금오산에 머물 때 사당에 다녀와서 시 「경순왕묘(敬順王廟, 경순왕 사당)」를 지었다. 경순왕 사당에서는 해마다 고을 아전이 제사를 지냈다. 제사를 본 김시습은 몹시 슬펐다고 시의 제목 아래에 적고 있다. 시에 경순왕 이야기가 함축되어 있다. 시는 『매월당시집』 제12권의 「유금오록」에 실려 있다.

경순왕이 고민 끝에 왕건에게 항복했지만 마의태자의 망국한亡國恨

은 가시지 않았다. 경주에서 보마향거寶馬香車를 타고 개성에 가서 항복한 경순왕은 왕건의 영접을 받았다. 경순왕은 왕건의 맏딸 낙랑공주를 아내로 맞이하고 '관광순화 위국공신 상주국 낙랑왕 정승 식읍 팔천호'로 봉해지는 등 귀화에 적응했다. 오랜 시간이 지난 후 경주의 경순왕 사당에는 박쥐만 날아올 뿐 차갑게 식은 향불만 남아 있었다.

天命人心旣有歸	천명과 민심은 이미 돌아서 버려
王公來日出郊畿	경순왕은 내일 서라벌을 떠난다
一身去國誠如脫	한 몸 나라를 떠나니 참으로 홀가분하겠지만
宗子傷亡蓋已非	마의태자의 망국한은 아직 가시지 않네
寶馬香車迎寵錫	(왕건이) 보마향거 영접하고 은총 주니
觀光順化納賢妃	(경순왕은) 관광순화로 봉해지고 어진 아내 맞았네
雖然古寺香燈冷	하지만 경주의 옛 절에는 향불이 차갑고
但見黃昏蝙蝠飛	황혼녘에 박쥐만 날아드는구나

—「경순왕묘(敬順王廟, 경순왕 사당)」 전문

충남 보령 왕대사 마애불
✕ **소재지** 충청남도 보령시 절길 44_왕대산 정상 부근
✕ **조성 연대** 나말여초
✕ **문화재 번호** 충남 문화재자료 제317호
✕ **명문** 없음
✕ **답사 난이도** ★★☆☆☆(다소 쉬움)
✕ **아름다운 마애불을 볼 수 있는 시간** 해가 긴 하절기의 오전 9시 30분~10시 30분. 암벽이 동북향이어서 이후로는 그늘 속에 묻힌다.

원주 주포리 마애불

원주 주포리의 미륵산 정상에 있다. 조선 후기 실학파인 이규경의 「김부대왕에 대한 변증설」이라는 글에 주포리 마애불 이야기가 있다. 여기서 김부金傳는 경순왕의 이름이다. 충북 제천의 행궁에 들렀던 경순왕이 산꼭대기의 석불을 보고 미륵산으로 이주하고 산 아래에 황산사라는 원당을 지었다고 한다. 그래서 지명은 귀한 분[貴]이 오셨다[來]고 해서 귀래면貴來面, 산은 대왕산大王山이었다고 한다. 대왕산은 마애불로 인해 미륵산으로 바뀌었다.

10m나 되는 마애불은 지역적으로 거대화되는 고려 시대의 특징을 보여준다. 신체에 비해 상대적으로 큰 얼굴은 돋을새김으로 새겨져 입체감이 있다. 손과 발을 포함한 신체는 선으로 그리듯 새겼는데 형식적이다(소재지: 강원도 원주시 귀래면 주포리 산25-5).

원주 주포리 마애불.

찾아가는 길

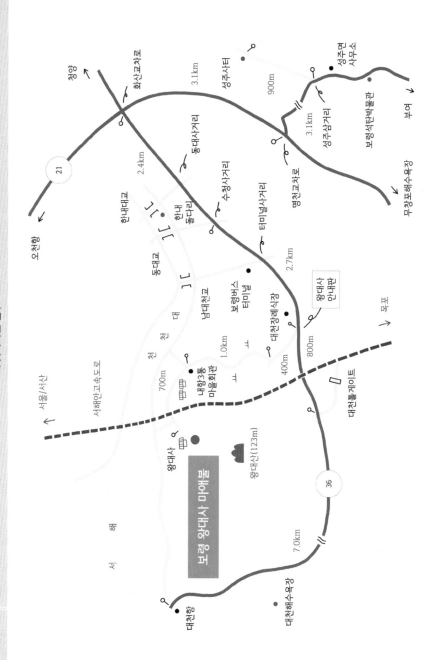

보령 왕대사 마애불

왕대사

왕대산(123m)

서해

대천항

대천해수욕장

7.0km

36

대천톨게이트

목포

800m

400m

왕대사 안내판

2.7km

내항3통 마을회관

700m

1.0km

보령버스 티미널

대천장례식장

남대천교

대 천 천

동대교

한내다리

한내대교

서해안고속도로

서울/서산

21

오천항

청양

화산교차로

3.1km

2.4km

동대사거리

성주사터

성주삼거리

3.1km

900m

성주면 사무소

보령석탄박물관

부여

명천교차로

타미널사거리

수청사거리

무창포해수욕장

2
강원 철원 동송읍
마애불

궁예가 슬픔에 빠진 금학산을 위로하다

철원은 궁예가 세운 나라, 태봉의 수도

한국전쟁과 남북분단이라는 가슴 아픈 역사의 흔적을 간직한 철원. 전적지 철원에 가면 태봉이라는 간판을 보게 된다. 지금으로부터 1,100년 이상을 거슬러 올라가면 철원은 궁예가 세운 태봉이라는 나라의 수도였다.

『삼국사기』에 따르면 궁예(?~918)는 신라 왕과 후궁인 어머니 사이에서 태어난 신라 왕족이었다. 아버지는 제47대 헌안왕 또는 제48대 경문왕이라고 한다. 궁예는 태어날 때부터 이가 났다. 게다가 5가 두 번 겹치는 음력 5월 5일에 태어나 불길한 징조라고 해서 일관日官은 궁예를 죽

110

이라고 조언하였다. 이에 왕은 사람을 보내 아들을 죽이려고 했다. 사자使者가 어린 궁예를 죽이려고 누각에서 던졌는데 밑에서 유모가 받아 다행히 목숨을 건졌다. 그러나 유모의 손가락에 눈이 찔려 궁예의 왼쪽 눈이 멀었다. 궁예를 받은 유모는 멀리 도망가 그를 키웠다. 10세가 넘도록 철이 없던 궁예는 눈물로 호소하는 유모의 이야기에 세달사에서 머리를 깎고 승려가 되었다. 그러다가 궁예의 인생을 바꾼 중요한 사건이 발생했다.

어느 날 궁예가 재齋를 올리러 가는 길이었다. 까마귀 한 마리가 그의 바리때에 상아 조각 한 개를 떨어뜨렸다. 조각에는 왕이라는 글자가 쓰여 있었다. 왕이 될 숙명인가? 신라 말의 어지럽고 혼탁한 사회 모순을 개혁해야 하는 상황. 그리고 새로운 이상 사회를 기대하는 불교의 미

삼부연폭포_궁예가 철원으로 수도를 옮겼을 때 용 세 마리가 승천했다.

륵 신앙을 아는 승려로서의 궁예였으니 모든 여건이 맞아떨어진 셈이다. 거기에 왕이 될 것이라는 점지까지 얻었으니 점지는 궁예의 인생을 바꾸는 도화선이 되지 않았을까?

이후 궁예가 사람을 모아 나라를 세우던 중 철원은 궁예와 떼려야 뗄 수 없는 곳이 되었다. 18년의 기간이지만 철원에는 궁예와 관련된 유적과 전설이 많이 남아 있다. 그중에서 궁예와 관련된 마애불도 있으니 돌아보면 어떨까?

궁예의 가세로 1약 2강의 후삼국 시대 개막

신라가 쇠퇴해지면서 지방에서는 무리를 모은 세력이 강해지고 있었다. 궁예는 안성의 기훤 세력과 원주의 양길 세력 밑에 들어갔다가 양길을 타도하고 독자적인 세력을 가지게 되었다. 여러 세력을 흡수하는 과정에서 개성의 해상 호족세력인 왕융을 자신의 세력으로 받아들였다. 이때 왕융이 아들인 왕건을 추천함으로써 궁예와 왕건의 만남이 이루어졌다(896년).

그 후 세력이 커지면서 궁예는 고구려의 부흥을 내걸고 후고구려를 세웠다(901년). 그는 스스로 왕이라 칭하였고 수도는 개성으로 정했다. 이때가 견훤이 전주를 수도로 삼고 후백제를 세운 지(900년) 1년이 지난 후였다. 이로써 한반도에는 쇠약해진 신라와 새로 세운 후백제, 후고구려라는 1약 2강의 후삼국 시대가 개막되었다. 이후 궁예는 나라 이름을 마진으로 바꾸었다(904년). 그리고 수도를 개성에서 철원으로 다시 옮겼는데(905년) 이때 철원 일대의 산수를 미리 살피는 등 사전 준비를 철저히 했다. 몇 년이 지나 궁예는 다시 나라 이름을 태봉으로 바꾸었다(911년).

고암산이 아닌 금학산에 궁궐을 세우라

궁예가 개성에서 철원으로 수도를 옮길 때였다. 삼부연폭포의 세 웅덩이에 살던 용 세 마리는 하늘로 승천하면서 수도 이전을 축하했다. 그러나 궁예는 철원에서도 고암산(북한 소재)과 금학산 둘 중 어느 곳을 진산으로 궁궐을 세울지 고민했다. 풍수지리에 능했던 도선국사가 고암산에 지으면 국운이 짧을 것이나 금학산을 진산으로 궁궐을 지으면 국운이 300년 이상 계속된다고 충고해 주었다. 그러나 고민 끝에 궁예는 고암산 주변에 궁궐을 세웠다.

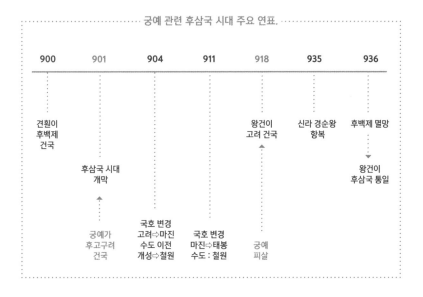

궁예 관련 후삼국 시대 주요 연표.

900	901	904	911	918	935	936
견훤이 후백제 건국				왕건이 고려 건국	신라 경순왕 항복	후백제 멸망
	후삼국 시대 개막					왕건이 후삼국 통일
	궁예가 후고구려 건국	국호 변경 고려⇨마진 수도 이전 개성⇨철원	국호 변경 마진⇨태봉 수도 : 철원	궁예 피살		

고암산이 선택되자 금학산은 버림받았다고 생각했다. 금학산은 비통함에 몇 년을 울었고 산에서 난 약초는 써서 먹을 수 없었다는 전설이 있다. 그래서 금학산의 유명 약초인 삼지구엽초가 매우 쓰다고 한다. 물론 전설은 전설일 뿐. 실제로 고암산에 궁궐을 세운 지 얼마 되지 않아서 궁예의 나라는 왕건에게 넘어갔다. 초기에 궁예는 당시 민중이 받드는 미륵불을 이용하여 자신을 미륵이라 칭하고 선정을 베풀었다. 시간이 흐르자 주변 사람을 불신하고 반대 세력을 처형하는 등 광기를 보였다. 결국 자신의 부하였던 왕건을 중심으로 신숭겸, 복지겸, 홍유, 배현경 등의 세력에 의해 궁궐에서 쫓겨났다.

왕건에게 나라를 빼앗긴 궁예는 한탄하면서 강(한탄강)을 건넜고 명성산(울음산)에서 사흘을 울었다. 산야를 헤매다니던 그는 부양(철원 북쪽 지역의 평강)에서 백성에 의해 비참하게 살해되었다(918년). 궁예가 나라를 세운 지 18년 만의 일이었다.

초심을 지키지 못해 날아간 궁예의 이상 세계

너른 철원평야를 바라보듯 동송읍에 금학산이 우뚝 서 있다. 금학산 중턱에 궁예와 관련된 전설을 가진 마애불이 있다. 고암산에 궁궐을 세운 궁예는 선택받지 못 해 울기만 하던 금학산을 달래고자 금학산 중턱에 마애불을 새겼다. 물론 이것도 앞에서 이야기한 전설의 연장선이다.

마애불의 몸체는 큰 바위 면을 잘 다듬어 선으로 그리듯이 새겼다. 머리는 별도의 바위로 만들어서 몸체 위에 올려놓았다. 나말여초에 유행하던 마애불 조성 기법의 하나다. 어찌 보면 마애불을 조성한 시대는

마애불 전경_별도로 머리를 만들어 몸체 바위에 올렸다.

마애불 얼굴_코 높은 얼굴 모습이 인상적이다.

마애불 전설과 맞아떨어진다. 갸름한 얼굴에 큰 눈, 우뚝 솟은 코는 토속적인 한국인이 아니라 인도의 부처님 얼굴 같다. 그에 비해 몸체에 새겨진 조각 솜씨는 지방 석공의 수준을 벗어나지 못하였다. 두 손도 그렇고 옷의 표현은 형식화되고 세련미도 부족해 보인다. 그래서 전설처럼 왕이 조성한 마애불이라는 이야기에는 쉽게 수긍하기 어렵다. 여러 면에서 마애불은 조각미보다 배경에 깔린 당시 역사와 전설에서 그 의미를 찾는 게 좋아 보인다.

마애불 앞 비탈진 절터에는 본체를 잃어버린 두 개의 연꽃 대좌와 석탑 조각들이 있다. 절터 끝에는 높은 절벽이 아찔한 너럭바위가 있다. 너럭바위에서 바라보는 철원의 전망은 가히 일품이다. 마애불이 주는 또 하나의 매력이다. 수확이 끝난 들판에서는 풍요와 행복으로 가득했을 가을의 모습이 넉넉하게 그려진다. 그래서일까? 마애불에는 철원평야의 풍요와 행복을 지켜달라는 염원이 느껴진다.

신라 말 어지러운 사회에서 미륵 신앙으로 이상 세계를 꿈꾸었던 궁예는 처음처럼 순수한 뜻을 유지하지 못하였다. 『삼국사기』에 의하면 궁예는 스스로 미륵이라 부르면서 금 고깔을 쓰고 가사를 입는 등 치장하기 시작했다. 외출 시에는 장식한 백마를 타고 다녔다. 앞에는 양산과 향화를 받든 소년·소녀를, 뒤에는 찬불가를 부르는 비구 200여 명을 동반하면서 위세를 과시했다. 마음을 읽어내는 관심법을 사용하면서 자신의 부인과 두 아들 등 많은 사람을 죽였다. 그러면서 지방 호족세력의 지지와 민심을 동시에 잃기 시작했다.

결국 궁예는 짧은 기간 동안 자신만이 왕이었던 나라를 만드는 데 그치고 말았다. 후삼국 시대를 통일하려던 꿈도 죽음과 함께 허공으로 사라져 버렸다. 지금은 갈 수 없는 비무장지대에 폐허로 남은 태봉의 궁궐터가 날아가 버린 궁예의 꿈인 듯했다.

철원에 남은 궁예의 잃어버린 꿈

태봉은 18년밖에 존재하지 못했다. 그리고 멸망 후 1,100년이라는 시간이 지났음에도 존재에 대한 역사적 충격이 컸던 것일까? 아직도 철원에는 삼부연폭포나 금학산의 마애불, 한탄강, 명성산 등 궁예와 관련된 전설이 지명과 함께 남아 있다. 그래서 궁예가 폭군이 아니라는 이야기도 있고 나라를 빼앗긴 궁예가 철원을 중심으로 부흥 운동을 했을 것이라는 의견도 있다. 『삼국사기』와 『고려사』 등에서는 궁예를 부정적으로 평가하는 편이다. 궁예를 폄하하기 위한 역사 왜곡의 가능성도 있지만 패자는 말이 없다.

마애불 앞 절터 너럭바위에서 바라본 10월 말의 철원평야.

『신증동국여지승람』 제47권 강원도 철원도호부 편에는 서거정, 성현 등 조선 시대의 문신이 태봉의 궁궐터를 돌아보고 읊은 시가 있다. 특히 성현(1439~1504)은 중국 진나라의 패망을 앞 수레의 뒤집힘에 비유하면서 거울삼지 못했던 궁예의 안타까움을 시로 읊고 있다. 한나라를 새로 건국한 유방의 고향 패현에 풍운의 깃발이 날릴 때 패망한 진나라의 수도 함양은 연기와 재로 뒤덮이며 폐허가 되었다. 이처럼 새로 세워진 왕건의 고려는 한나라, 패망한 궁예의 태봉은 진나라처럼 엇갈린 운명을 맞이했다. 태봉의 수도였던 철원의 궁궐터에는 고소대姑蘇臺처럼 무성한 잡초 사이로 고라니와 사슴만 노닐고 있다. 고소대는 중국의 춘추전국 시대에 망한 오나라 궁궐이 있던 곳이었다. 오나라 왕은 월나라를 쳐서 항복 받은 뒤 고소대에서 미인 서시를 데리고 향락에 빠졌다가 월나라에 망했다.

鐵水雄藩古邑州	철원은 강성했던 옛 도읍이라
客來無語謾含愁	나그네는 와서 말없이 수심만 머금네
風雲沛上飛揚日	패현에 풍운의 깃발이 매일 날릴 때
烟燼咸陽慘怆秋	함양은 연기와 재로 참담하였네
兩國興亡俱寂寂	두 나라 흥망이 이제 모두 적막하고
千年城壘莽悠悠	천 년의 성루에는 잡초만 우거졌구나
弓王不鑑前車覆	궁예왕이 앞 수레의 뒤집힘을 거울삼지 못해
付與姑蘇麋鹿遊	궁궐터에는 고라니와 사슴만 노니네

― 「차철원동헌운(次鐵原東軒韻, 철원 동헌의 운에 차하다)」 전문

철원에는 미륵 신앙을 바탕으로 이상 세계를 펼치기 위해 도전했을 궁예의 모습이 남아 있다. 그리고 후대 사람들이 만들어낸 전설이지만 동송읍 마애불에서도 궁예의 잃어버린 꿈을 보았다.

강원 철원 동송읍 마애불
- ✖ **소재지** 강원도 철원군 동송읍 이평리 산142_금학산 중턱
- ✖ **조성 연대** 고려
- ✖ **문화재 번호** 강원 문화재자료 제33호
- ✖ **명문** 없음
- ✖ **답사 난이도** ★★★☆☆(무난함)
- ✖ **아름다운 마애불을 볼 수 있는 시간** 오전 중. 바위가 동남향이어서 오전 11시~정오에 좀 더 선명한 모습을 볼 수 있다.

보충 내용

시 「차철원동헌운(次鐵原東軒韻, 철원 동헌의 운에 차하다)」은 서거정의 『속동문선』 제7권 칠언율시 편과 『허백당집』의 허백당시집 제10권 시 편에 수록되어 있다. 허백당은 성현의 호이다.

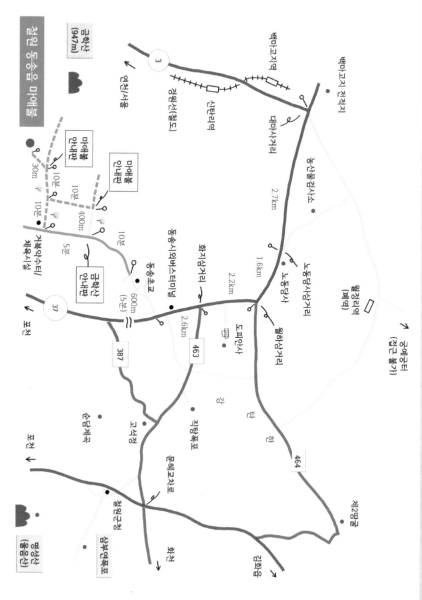

철원 동송읍 마애불

금학산
(947m)

마애불
안내판

30m
10분

마애불
안내판

10분

10분

400m

5분

10분

10분

600m
(5분)

금학산
안내판

연천/서울

경원선(철도)

산탄리역

대마사거리

백마고지역

백마고지 전적지

동산골검사소

2.7km

월정리역
(철근 종가)

1.6km

노동당사삼거리

노동당사

2.2km

도피안사

용화삼거리

화지삼거리

동송시외버스터미널

동송초교

계웅약수터/
재송시설

표전

387

463

2.6km

강

한탄강

464

직탕폭포

경애군터
(철근 종가)

제2땅굴

김화읍

고석정

순담계곡

문혜교차로

철원군청

산부인폭포

오성산
(철근 종가)

표전

화천

화천

명성산
(철원산)

37

3

경기 하남 교산동
마애불

아버지 광종 황제의 공포 정치와
아들 경종 황제의 대사면

고려 시대에 독자 연호를 사용하고 자신을 황제로 칭한 광종

마애불에 관련된 소재를 찾기 위해 시작한 『고려사』 탐독이 시공
을 뛰어넘는 여행이 되었다. 처음에는 분량이 많아서 부담스러웠고 이
야기보다는 사실을 기록한 서술이 지루했다. 지금은 『고려사』를 읽으면
서 1,100년 전까지 거슬러 올라가 고려 여행을 즐기게 되었다. 어떤 때는
임금으로, 신하로, 백성이 되어 순간을 즐기고 있는 시간 여행자인 나를
발견했다. 특히 광종이 독자 연호를 사용하고 자신을 황제로 칭한 건원
칭제에 눈길이 갔다. 연호는 오늘날 현대에서 사용하는 서기 2019년처

럼 서기라는 연도 표시법과 같은 것이다. 당시 동아시아에서는 연도를 표시할 때 황제국인 중국이 사용하는 연호가 공통으로 사용되었다. 고구려, 신라, 발해, 태봉이 독자 연호를 사용한 적이 있었다. 고려는 태조 왕건이 천수라는 연호를 약 16년간(918~933) 사용했다. 천수天授는 '하늘이 천명을 내려 주었다'는 뜻으로 왕건의 고려 건국을 정당화하는 것이었다.

고려는 중국으로부터 왕의 책봉을 받고 중국에 조공했지만 왕을 황제나 천자로 칭했던 것으로 보인다. 나름대로 황제 또는 천자의 나라라는 고려인의 자부심을 엿볼 수 있다. 왕건의 셋째 아들이었던 광종도 그랬다. 짧은 기간이지만 광덕, 준풍이라는 두 연호를 사용했던 광종은 자신을 황제로 칭하면서 황제국임을 천명했다. 당시 고려의 대내외적인 사정을 보여주는 마애불이 경기도 하남의 교산동에 있다. 마애불에는 황제라는 글자가 바위에 새겨져 있다. 마애불에는 왕권 강화를 위해 공포정치를 서슴지 않았던 아버지 광종과 나약했던 아들 경종의 모습이 대조적으로 남아 있다. 그러니 찾아가 볼 만하지 않은가?

가을의 절정에서 미다스왕이 손댄 금불처럼 빛나는 마애불

마애불은 객산 입구의 선법사 경내에 있다. 마애불을 찾아가는 길에는 11월 초의 가을이 넘실대고 있었다. 주택가 골목길 담벼락에 붙은 짙붉은 담쟁이덩굴, 절 주변의 노란 은행잎 길은 가을에 와야 할 이유다. 마애불은 형형색색의 단풍 속에 앉아 있었다. 정오가 되면서 바위에 햇빛이 들기 시작했다. 닿으면 뭐든지 금으로 변하는 미다스왕의 손처럼 햇빛은 두드리는 바위 표면마다 금빛으로 바꾸고 있었다. 어느 순간 주

마애불 전경_객산 입구 선법사 경내의 조그만 암벽에 새겨져 있다.

변의 나무 그늘에서 벗어난 바위의 마애불도 아름답게 빛나는 금불이
되었다.

법당 옆 조그만 암벽에 새겨진 마애불은 체구가 작다. 그러나 조각은
섬세하고 세련되었다. 마애불이 앉은 연꽃 대좌도 화려하기 그지없다.
대부분의 연꽃 대좌는 1단이다. 교산동 마애불의 대좌는 하대, 4개의 기
둥이 있는 중대, 연꽃이 활짝 피어 있는 상대로 구성된 3단이 특징이다.
비례감도 좋아서 높은 연꽃 대좌에 마애불이 안정적으로 앉아 있다.

화려하고 세련된 조각 솜씨에서는 마애불을 조성한 사람이나 조성
자가 기원했을 대상이 신분이 높은 사람으로 짐작할 수 있다. 이런 추측
을 뒷받침해 주는 명문이 마애불의 오른쪽 옆에 있다. 대개 마애불 명문
은 마애불이 조성된 시기, 조성자, 조성 목적 등의 정보를 담고 있어 매
우 중요하다. 프리즘을 통과한 빛이 여러 가지 색의 스펙트럼을 펼쳐놓
듯이 마애불 명문은 프리즘처럼 역사를 펼쳐 준다.

마애불의 조성 시기와 당시 상황을 해석하는 의견

마애불 명문에서도 마애불의 조성 시기와 상황, 조성 목적을 알 수
있다. 명문은 대체로 "고려 경종 2년(977) 7월 29일에 옛 석불을 중수하
여 지금 황제의 만세를 기원한다"라는 내용이다.

太平二年丁丑七月廿九日/古石   태평이년정축칠월갑구일/고석
佛在如賜乙重修爲/今上   불재여사을중수위/금상
皇帝万歲願   황제만세원

마애불의 조성 시기는 옛 석불古石佛과 중수重修라는 단어를 달리 해석하면서 크게 두 가지 의견이 있다. 여기서 중수는 '오래된 것을 고친다'라는 뜻이다. 첫째는 마애불은 통일신라 시대에 조성된 옛 석불로 고려 시대인 태평 2년 7월 29일에 고쳤다는 것이다.[19] 두 번째는 마애불에 새로 고친 흔적이 없어서 고려 시대인 태평 2년 7월 29일에 처음 조성되었을 것으로 보는 의견이다. 대신 마애불이 아닌 불감이나 가구 등을 새로 고치면서 '중수'라고 기록한 것으로 추정한다. 마애불 앞 안내판도 두 번째 의견에 따라 설명하고 있다.

마애불의 황제라는 글자가 프리즘처럼 펼치는 고려 광종의 역사

마애불이 "지금 황제"의 만수무강을 위해 조성되었다는 점에서는 의견 차이가 없다. "지금 황제"로 불린 중국 연호 태평 2년(977) 당시의 고려왕은 제5대 경종(재위 975~981)이었다. 당시 경종이 마애불을 조성한 사람에 의해 황제로 불리었다는 사실을 알 수 있다. 그런데 경종보다 앞서 자신을 황제라고 불렀던 왕이 있는데, 고려 제4대 왕이자 경종의 아버지 광종이다.

황제라는 명칭은 황제국인 중국만이 사용할 수 있었다. 그러나 광종은 과감하게 자신을 황제로 부르면서 고려가 황제국임을 천명했다(960년). 동시에 지명이나 직위도 고쳤다. 개경은 황도, 왕궁은 황궁, 왕비는 황후 등으로 바꾸었다. 광종(재위 949~975)은 10년 전에도 광덕이라는

19 김춘실, 「하남시 교산동 '태평 2년명 마애약사여래좌상'의 조성시기 검토」, 『미술사연구』 16호(홍익미술사연구회, 2002.12), 47~48쪽.

마애불 명문_황제라는 명문이 눈길을 끈다.

연호를 사용하면서 고려가 자주국임을 밝혔다. 이때가 친형이었던 제3
대 왕 정종이 죽고 자신이 왕위에 오른 지 1년이 된 해였다(950년). 광덕光
德은 '빛나는 덕으로 행하는 정치'라는 뜻이다. 연호에서는 왕위에 오른
광종의 목표와 의지를 읽을 수 있다. 광종은 자신을 황제로 칭하던 해에
준풍이라는 두 번째 연호를 사용하기 시작해 약 4년 동안(960~963) 사용
했다. 준풍峻豊은 '높고 가득하다'는 뜻이다.

광종은 이렇게 건원칭제 함으로써 고려가 중국과 대등한 자주국임
을 천명하였다. 당시 중국은 당나라가 멸망한 후 5대 10국(907~979)의 혼
란이 약 70여 년 정도 계속되었다. 그래서 광종의 건원칭제는 대외적인
목적보다 고려 내부의 왕권 강화 목적이 더 컸던 것으로 보인다. 즉 중
국에도 꿀리지 않는 황제, 준풍이라는 연호처럼 감히 오르지 못할 만큼

높은 왕의 위치를 호족에게 보여 주고자 한 것이다.

개혁 군주 광종이 추진한 왕권 강화 정책과 공포정치

광종의 아버지 왕건은 화합과 혼인을 통한 지방 호족 세력과의 연합으로 후삼국을 통일하고 고려를 건국했다. 그러나 후유증 때문인지 광종이 왕이 될 당시에도 왕과 호족 세력 간의 대립은 여전했다. 광종은 집권 초기에 학문을 중시했고 일을 처리할 때도 공평하게 했다. 신하에게도 예의 있게 대했으며 약자를 배려해서 신하의 극찬과 기대를 받았다. 시간이 흐르면서 광종의 왕권 강화 정책이 속도를 내기 시작했다. 부당

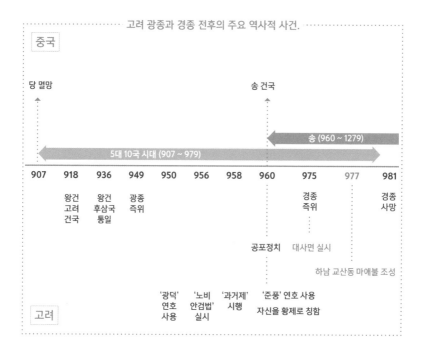
고려 광종과 경종 전후의 주요 역사적 사건.

하게 노비가 된 양민을 풀어주는 노비안검법을 시행하면서(광종 7년 956) 호족의 경제력과 군사력을, 과거제를 시행하면서(958년) 호족의 정치력을 약화하려 했다.

광종 11년(960) 중국에서는 5대 10국의 끝자락에서 후주가 몰락하고 송나라가 건국되었다. 하지만 혼란은 계속되었다. 그러자 광종은 후주의 연호 사용을 중지하고 준풍이라는 두 번째 독자 연호를 사용하기 시작했다. 그리고 자신을 황제로 칭했다.

같은 해에 신하들이 입는 옷 색깔로 직위 등급을 제정하는 것을 신호탄으로 광종은 강력한 왕권 강화를 추진했다. 왕은 왕권에 걸림돌이 되면 신하뿐만 아니라 형제, 왕족까지 죽였다. 광종의 이복형인 혜종의 아들과 친형인 정종의 아들도 이때 죽었다. 또 거짓말로 남을 해칠 목적으로 참소하는 분위기가 성행했다. 임금과 신하 간, 부모와 자식 간에도 믿지 못하면서 사회적인 분위기는 어수선했다. 감옥은 넘쳐나 늘 임시 감옥을 둘 정도였다.

경종의 대사면 정책과 마애불 조성자

광종이 죽고 경종이 왕위에 올랐을 때는 많은 공신과 장군이 참소로 죽은 후였다. 공신 중에 살아남은 사람은 겨우 40명밖에 되지 않았다. 아버지 광종의 공포정치 폐해였다. 경종 역시 광종의 의심으로 불편한 생활을 했는데 왕이 되자 즉시 대사면을 실시하면서 포용과 화합의 시대를 열고자 했다. 경종은 해묵은 참소 문서들을 불사르고 참소로 옥에 갇혀 있던 죄수나 유배 간 사람을 풀어 주었다. 많은 사람이 경종의 사면 정책을 반기고 기뻐했다. 경종이 왕위에 오른 지 2년 후에 조성된 마애불은 대사면 정책이라는 시대적 배경을 바탕으로 하는 것으로 보인다. 대사면은 임금이 왕위에 오르거나 생일을 맞이했을 때, 자식을 얻었을 때와 같은 경사스러운 날에 죄인의 형벌을 면제하여 주던 제도였다.

그렇다면 명문에는 없지만 황제라는 호칭을 써가면서 경종의 만수무강을 기원했던 마애불 조성자는 누구였을까? 크기는 작지만 섬세하고 세련된 마애불을 조성할 정도의 세력가는 누구였을까? 당시 광주廣州 호족 출신이었던 왕규의 후대 세력이 마애불을 조성했을 것이라는 의견이 있다.[20] 문신인 왕규는 무장 출신의 박술희와 함께 제2대 왕 혜종을 후원하던 세력의 한 축이었다. 두 사람은 왕건의 뜻을 받들어 지지 기반이 약했던 왕건의 첫째 아들 혜종을 후원했다. 특히 왕규는 왕건과 혜종에게 자신의 딸을 혼인시켜 두 사람의 장인이 되기도 했다.

조선 시대의『신증동국여지승람』제8권 경기 양근군 편에 따르면 왕규는 양평 출신이었다. 그는 왕건에게 공로를 인정받아 왕씨 성을 받고 함규였던 이름을 왕규로 바꾸었다. 당시의 광주는 양평, 마애불이 있는 하남, 여주 일부 등을 포함하는 넓은 지역이었다. 그래서인지 왕규가 왕건에게 시집보낸 딸이 낳은 아들은 광주원군으로 불렸다. 그러나 왕규는 왕건의 둘째 아들 왕요에 의해 역모를 꾀했다는 혐의로 죽임을 당하였다. 왕규가 광주원군을 왕으로 내세우고자 했다는 이유였다. 혜종의 호위무사였던 박술희 역시 제거되었다. 그리고 왕요는 고려 제3대 왕

---

20 박윤희,「경기지역 고려전기 마애불 연구」, 단국대 석사논문, 2016, 50쪽.

정종으로 즉위하였다.

살아남은 왕규 세력은 반역죄라는 멍에를 쓰고 사회적으로 많은 불이익을 받았을 텐데, 경종의 대사면으로 재기의 기회를 얻었으니 얼마나 고마웠을까? 게다가 왕규의 억울함도 풀어주니 경종에 대한 고마움은 얼마나 컸을까? 그래서 왕규의 후대 세력이 마애불을 조성했을 가능성이 커 보인다. 이런 관점에서 보니 경종을 황제로 칭하면서 만수무강을 기원하는 명문에서는 조성자의 뜨거운 감사의 마음이 전해진다.

대사면과 마애불의 따뜻한 미소가 가지는 공통점

경종은 대사면과 함께 광종 때 참소당한 자손에게 복수할 기회를 주었다. 경종이 왜 그런 결정을 내렸는지 알 수 없지만 서로 죽이는 혼란이 또 발생했다. 왕건의 아들인 천안부원군이 죽는 일까지 발생하자 아차 싶었던 경종은 복수로 사람을 죽이는 일을 금지했다. 마애불이 조성된 지 3년 후, 다시 세력을 정비한 호족이 반역을 꾀하다가 사전에 발각되었다. 왕은 큰 충격을 받았다(경종 5년, 980). 반역 사건 이후로 경종은 국정 운영을 꺼렸고 1년 후에 병이 들고 말았다. 손에 약그릇을 들고 있는 약사불은 병을 고쳐주고 오래 살 수 있게 해 주는 부처다. 조성자의 무병장수 염원에도 불구하고 경종은 왕위에 오른 지 6년 만에 27세의 나이로 세상을 떠났다.

마애불 뒤에는 고려 초의 어수선한 상황에서 왕실과 호족 세력의 대립, 광종의 왕권 강화 과정, 황제로 불린 고려의 두 왕 등 적지 않은 역사가 숨어 있다. 무엇보다 아버지 광종이 왕권 강화와 개혁이라는 명분으로 남겼던 사회적 고통과 아픔을, 아들 경종이 대사면을 통해 안아 주었을 포용의 모습이 와 닿는다. 그래서 마애불 뒤에는 광종의 공포정치와 대비되는 경종의 대사면 이야기가 동시에 들어 있는 듯하다. 마애불 앞에 머물러 있으니 만추의 따사로운 햇살에 광종의 공포 정치, 피의 숙청, 살육, 대립, 갈등처럼 살벌한 분위기는 사라진다. 대신 경종의 대사면 정책이 햇빛 속에서 따스하게 웃고 있는 마애불을 닮은 듯 느껴진다.

경기 하남 교산동 마애불
- ※ **소재지** 경기도 하남시 교산동 55-3(선법사)_객산 입구
- ※ **조성 연대** 고려 경종 2년(977)
- ※ **문화재 번호** 보물 제981호
- ※ **명문** 있음
- ※ **답사 난이도** ★☆☆☆☆ (쉬움)
- ※ **아름다운 마애불을 볼 수 있는 시간** 오후 중. 암벽이 서남향이어서 정오~오후 1시 30분에 좀 더 선명한 모습을 볼 수 있다. 그러나 나무 그늘이 조금 드리운다.

· 보충 내용 ·

준풍이라는 연호가 사용된 흔적

광종의 두 번째 연호인 준풍이 남아 있는 유물로는 청주의 용두사터 철당간과 안성의 봉업사터에서 출토된 기와 등이 있다. 청주 시내 중심가에 있는 용두사터 철당간(국보 제41호)은 20개의 철통으로 연결된 당간이 약 13m의 높이로 솟아 있다. 철통 중 세 번째 철통에 철당간을 세운 연도가 준풍 3년으로 표시되어 있는데 광종 13년(962)이다. 또 경기 안성의 봉업사터에서 출토된 기와 중에 준풍 4년(963), 전남 영암의 고미현 서원 범종에도 준풍 4년(963)이라는 제작 연도가 표시되어 있다.

청주 시내의 용두사터 철당간_제작 연도가 준풍 3년으로 표기되었다.

고려왕이 황제로 불린 흔적

광종을 황제로 부른 흔적은 경기도 여주박물관에서 깨어진 채 보관되고 있는 원종대사혜진탑비의 비신에서 찾을 수 있다. 나말여초의 고승인 원종대사(869~958)의 행적을 기록한 비신은 대사가 입적한 지 17년 후인 광종 26년(975)에 세워졌다. 비문의 글은 광종의 명으로 썼는데 글에 광종을 황제 폐하로 부르는 호칭이 나온다. 또 황제라는 명칭은 『고려사』에도 나온다. 제18대 임금인 의종 24년(1170)의 신년 하례식에서 신하가 지어 올리는 표문에 일본 사절이 보물을 바치면서 황제로 부르고 있다.[21]

고려왕이 천자로 불린 흔적

국립중앙박물관의 고려 전시관에 제15대 왕 숙종의 넷째 딸 복령궁주가 죽은 후 인종 11년(1133)에 만들어진 묘지명墓誌銘이 있다. 묘지명에서는 그녀를 천자의 따님으로 부르면서 보름달 같았다고 표현하고 있다. 숙종을 천자로 부르면서 고려를 천자의 나라로 여기는 고려인의 자부심을 볼 수 있다.

하남 춘궁동 마애불

하남 교산동 마애불 부근의 금암산 입구에 있다. 울퉁불퉁하고 조그만 암벽에 높은 돋을새김으로 부처의 몸을 새기고 바위 위에 머리를 별도로 만들어 올린 마애불이다. 몸체는 마모와 파손이 심해서 어깨와 팔의 윤곽만 드러나고 통견의 법의만 선명하다. 마애불은 동남향으로 춘궁동 일대를 바라보고 있다. 오전 중에 햇빛이 드는 모습을 볼 수 있다(소재지: 경기도 하남시 춘궁동 산40—51).

하남 춘궁동 마애불_머리는 별도로 만들어 몸체에 얹었다.

21 네이버 지식백과_국역 고려사: 『고려사』 권19, 세가19 의종3_의종24년(1170). 봄 정월.

| 찾아가는 길 |

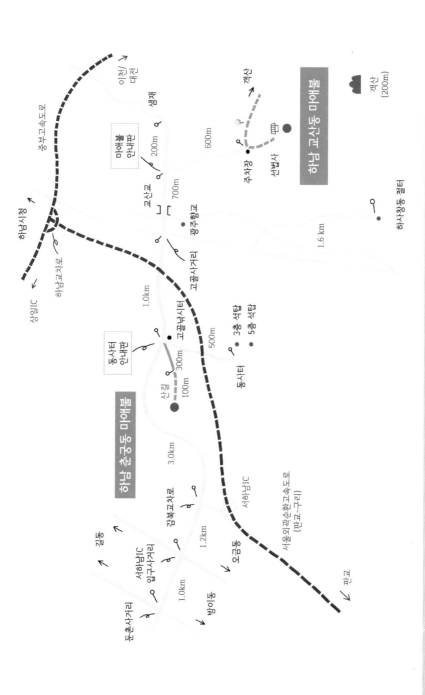

하남 춘궁동 마애불

하남 교산동 마애불

중부고속도로

이천/대전

샘재

마애불
안내판   200m

하남시청   교산교   700m

상일IC

하남교차로

광주향교

동사터
안내판

고골사거리

고골낚시터   1.0km

3층 석탑
5층 석탑

산길   300m
100m   500m

동사터

3.0km

강북교차로

둔촌사거리   1.2km   서하남IC

서하남IC
입구사거리   1.0km

감일동

방아동   오금동   서하남IC

서울외곽순환고속도로
(판교-구리)

판교

객산

주차장

선법사

객산
(200m)

1.6km

하사창동 절터

4

충남 부여 상천리 마애불

최영 장군이 농바위의 갑옷을 꺼내 입고
왜구를 대파하다

고려 말 왜구의 침략과 직·간접적으로 함께 하는 마애불

최근 충남 서산의 부석사 금동보살좌상의 소유권 분쟁이 사회적 쟁점이 된 적이 있다. 보살상은 2012년 한국의 문화재 절도단이 일본 쓰시마 섬의 절인 간논지觀音寺에서 훔쳐 국내로 밀반입한 것이다. 그런데 절도단이 잡히고 보살상이 고려 말 충숙왕 17년(1330)에 서산의 부석사에서 만들어졌다는 사실이 알려지면서 소유권 분쟁이 발생했다. 일본의 절이 아닌 우리나라 부석사에 보살상을 돌려주어야 한다는 의견이 대립했다. 보살상이 왜구의 약탈로 쓰시마 섬에 넘어간 것으로 추정했기 때문이다.

왜구는 고려 말~조선 초에 경상도, 전라도의 해안 지역부터 내륙 지역까지 약탈과 노략을 일삼았다. 왜구들은 성격, 침략 횟수, 기간, 규모 등의 측면에서 단순 해적이었던 이전 왜구들과 큰 차이를 보인다.[22]

고려 말, 왜구의 노략질이 늘어나는 가운데 충남 부여의 홍산에서는 최영 장군이 왜구를 격파하였다(홍산대첩, 1376년 7월). 4년 후 금강 하구의 진포에서는 최무선이 개발한 화포를 장착한 함선으로 나세와 최무선이 왜선을 대파했다(진포대첩, 1380년 8월). 1개월 후 진포대첩에서 살아남은 잔당들이 모인 전북 남원의 황산에서는 이성계 장군이 왜구를 토벌했다(황산대첩, 1380년 9월). 3년 후 남해의 관음포에서도 정지 장군이 화포를 장착한 함선으로 왜선을 격파했다(관음포대첩, 1383년 5월). 4개 대첩은 고려 말 왜구를 크게 토벌했다는 점에서 역사적으로 큰 의미가 있다. 그런데 충남 부여의 홍산과 전북 남원의 운봉에는 홍산대첩, 황산대첩과 직·간접적으로 관련된 마애불이 각각 한 개씩 있다. 그러니 찾아가 볼 만하지 않은가?

고려가 망하기 전까지 약 40년 동안 큰 피해를 준 왜구의 정체

홍산읍에서 마애불이 있는 곳으로 가는 도로 왼쪽에 태봉산 능선이 함께 한다. 태봉산은 고려 말 최영 장군이 왜구를 물리친 홍산대첩이 있던 곳이다. 태봉산 정상의 공원에 1977년에 만든 홍산대첩비가 있다.

22 이영, 『황국사관과 고려 말 왜구 ─ 일본 근대 정치의 학문 개입과 역사 인식』(에피스테메, 2015), 349쪽.

태봉산 공원 내 홍산대첩비_최영 장군의 홍산대첩을 기리고 있다.

『고려사』에 따르면 충정왕 2년(1350), 홍산대첩이 있기 약 26년 전 왜
구가 고성, 거제 등의 바닷가 지역에 출몰하기 시작했다. 이후 왜구들
이 본격적으로 침략하기 시작하면서 고려는 큰 어려움을 겪었다. 고려
는 80년간의 원의 간섭에서 벗어났다. 하지만 정치적으로 불안한 가운
데 홍건적과 잦은 왜구 침입 등으로 내우외환을 겪었다. 특히 왜구의 침
입은 고려 말의 사회적 혼란을 더욱 가중시켰다. 어떤 해에는 개경에 비
상 경계령을 내릴 정도로 왜구가 수도 부근까지 쳐들어와서 민심을 불
안하게 하였다.

당시의 일본 역시 남북조 시대(1336~1392)의 혼란에 빠져 있었다. 천황
이 두 계파로 나뉘면서 전국이 남조와 북조로 나뉘었는데 두 왕조가 서
로 싸우면서 일본도 사회적으로 어지러웠다. 왜구는 주로 고려와 가까

운 규슈 지역에서 침략해 왔다. 규슈는 영주와 무사 계급을 중심으로 남조와 북조의 싸움이 격렬하게 발생했던 곳이었다. 그래서 싸움에 패했던 남조 세력의 통치자가 부족해진 군량미와 전쟁 물자를 확보하고자 수시로 고려를 침략하였다. 쓰시마 섬은 고려 침입의 본거지가 되었다.

고려를 침입한 왜구는 훈련받은 무사들이었다. 왜구는 집과 관청에 불을 지르고 많은 사람을 죽이면서 군량미가 될 쌀을 약탈했다. 세금으로 거둔 쌀, 특산물을 저장해 둔 조창漕倉과 공물을 수도 개경으로 운반하던 조운선漕運船이 주요 약탈 대상이었다. 또 왜구는 일본으로 끌고 간 젊은 고려인을 노예로 팔아서 돈을 벌거나 전쟁에 이용했다. 고려에서는 일본의 중앙정부에 사신을 파견하여 왜구 토벌에 협조해 달라고 요청했으나 소용이 없었다. 정몽주는 외교 사절로 후쿠오카에 갔다가 일본에 끌려간 수백 명의 포로를 고려로 데리고 오기도 했다. 그리고 고려 문화재의 가치를 알게 되면서 왜구는 청자, 불화, 불상 등을 약탈해 일

장고개_마애불이 있는 태봉산 줄기를 따라 함께 펼쳐진다.

본 내에서 팔거나 윗사람에게 바치기도 했다. 이때 고려의 많은 문화재가 약탈당했는데 서산 부석사의 금동보살좌상도 그중 하나였다.

고려 말 급증하는 왜구 침략 속 최영 장군의 홍산대첩

태봉산 정상에서는 홍산읍이 훤히 내려다보인다. 방어 목적으로 쌓은 산성도 남아 있어 태봉산의 지리적 중요성을 알 수 있다. 게릴라전과 산악전에 능했던 왜구가 태봉산 정상에 모여 있던 이유일 것이다. 홍산대첩은 『고려사절요』에 상세하게 전해진다. 왜구 침입은 1370년 이후 급증하는데 왜구는 우왕 2년(1376)에도 어김없이 침략했다. 그해 7월에는 불어난 금강 물을 타고 부여와 공주를 침략했다. 공주를 함락한 왜구는 기세를 몰아 부근의 논산 개태사까지 점령해 버렸다. 당시 뛰어난 장수였던 원수 박인계가 싸우다가 말에서 떨어져 죽었다. 박인계의 전사 소식을 듣고 최영 장군이 왜적 치기를 자청하였다. "비록 몸은 늙었으나 뜻은 쇠하지 않았고 종묘사직을 편안하게 하기 위함"이라고 굳은 뜻을 밝혔다. 왕의 만류에도 61세 노장은 태봉산에 있던 왜구 토벌에 나섰다. 태봉산은 삼면이 절벽이고 통하는 길은 오직 하나뿐이어서 고려군이 접근하기 어려웠다. 최영이 선봉에 나섰고 입술에 적의 화살을 맞고 피를 흘리면서도 왜구를 전멸시켰다.

오랜만에 승전 소식을 들은 왕은 최영 장군을 위해 연회를 베풀었다. 또 전공戰功에 따라 장군과 군사들에게 차등 있게 벼슬을 주었다. 험하고 좁은 곳에 왜구들이 모여 있었다는 태봉산 정상의 지리적 특성상 왜구의 수는 그리 많지 않았을 것이다. 그러나 홍산대첩에서 패배한 왜구는 두려움으로 잠시 잠잠해졌고 고려군은 사기가 오르게 되었다.

편안함을 주는 고려 시대의 토속적인 마애불

홍산읍에서 약 30분쯤 걸어서 장고개로 불리는 완만한 고갯길을 넘는다. 장고개의 왼쪽 옆으로 홍산대첩비가 있는 태봉산 줄기가 북쪽으로 이어지고 있다. 태봉산 줄기의 야산 정상 부근에 홀로 선 바위가 있다. 바위 세 개가 나란히 연결되어 뒤로 뻗쳤는데 전체적으로는 긴 직사각형 모양이다. 마애불은 맨 앞의 바위에 새겨져 있다. 경사진 곳에 있어서 바위는 앞으로 10도 정도 기울어져 있다. 그래서 바위 앞으로 다가서면 마애불이 몸을 앞으로 숙여 살뜰하게 반겨주는 듯하다. 둥근 얼굴, 반쯤 뜬 가늘고 긴 눈, 끝이 둥근 코 등 토속적인 모습에서는 편안함까지 느낄 수 있다.

마애불은 거친 바위 면에 낮은 돋을새김으로 새겨져 있다. 그러나 이른 아침의 햇빛이 좋으면 윤곽이 선명하게 드러난다. 머리의 둥근 두

마애불이 새겨진 농바위_장군의 투구와 옷을 보관하고 있다는 전설이 있다.

광과 몸 주변에 있는 배 모양의 신광은 햇빛 속에서 활활 타올라 권능을 보여 준다. 마모가 심하지만 연꽃 대좌도 아침 햇빛에 아름답게 드러난다. 거대 바위에 6m 높이로 새겨진 마애불은 전체적으로 지방화된 고려 시대 전기의 특징을 보여 준다.[23]

마애불은 오른쪽 어깨를 드러낸 우견편단의 옷을 입고 있다. U자 모양의 굵은 옷 주름은 가슴 부분에서 시작하여 아래까지 규칙적으로 흘러내린다. 손 모양은 흉내 내기 어려울 정도로 특이하다.

23 이인영, 「고려 전기 홍산 마애불입상 일고찰」, 『동원학술논문집』 제3집(한국고고미술연구소, 2000.12), 166쪽.

마애불이 있는 농바위의 전설과 최영 장군의 홍산대첩

마애불 옆 급경사 산비탈에 서면 바로 앞으로 넓은 들판과 들판 사이를 지나는 길이 내려다보인다. 길은 홍산읍으로 넘어가는 고갯길로 연결된다. 실제로 마애불은 바로 앞길을 지나다니는 사람들의 무사 통행과 안전을 위해서 조성되었을 것이다.

마애불이 새겨진 바위는 농바위로 불린다고 한다. 아침 일찍 밭일을 나서던 마을 할아버지의 이야기다. 마애불이 새겨진 바위는 대개 장군바위, 병풍바위 등으로 불리는데, 옷을 넣어두는 농바위라니 이름이 특이하다. 이름을 생각하고 바위를 빙 둘러보니 장롱처럼 보인다. 농바위 안에는 투구와 갑옷이 들어 있다고 한다. 세상을 위해 해야 할 중요한 일이 생기면 어디선가 장군이 나타나 투구와 갑옷을 꺼내 갖추어 입는다고 한다. 부여도 고려 말 왜구의 잦은 노략질로 큰 피해를 보았다. 어쩌면 최영 장군이 농바위에서 투구와 갑옷을 꺼내 입고 적과 싸워 백성을 구한 것은 아니었을까?

충남 부여 상천리 마애불
- ✄ **소재지** 충청남도 부여군 홍산면 상천리 산104—1_태봉산 정상 부근
- ✄ **조성 연대** 고려
- ✄ **문화재 번호** 충남 유형문화재 제140호
- ✄ **명문** 없음
- ✄ **답사 난이도** ★★☆☆☆(다소 쉬움)
- ✄ **아름다운 마애불을 볼 수 있는 시간** 해가 긴 하절기의 오전 8시~9시. 바위가 동북향이어서 이후로는 그늘 속에 묻힌다.

부여 상천리 마애불

(태봉산체육공원 내)
홍산대첩비

태봉산
(168m)

홍산면사무소

611

611
← 서천

부여읍 →

좌홍교차로

교원삼거리

2.3km

장고개

15.5km

4

부여대교

부여교차로

논산리
고분군 →

상천저수지

상천교

기적운
밤나무

450m

50m

주차 공간

상천2구
마을회관

무량사/보령/청양 →

마애불
안내판

백제교

금강

부여군청

부소산성

정림사터

백마강부여
박물관

국립부여
박물관

낙화암

고란사

조룡대

5

전북 남원 여원치
마애불

이성계 장군에게 황산대첩의
승리전략을 알려준 여자 산신

손으로 자신의 가슴을 가린 여인 모습의 마애불

남원 시내에서 운봉읍, 경남 함양을 오가던 사람들이 넘던 여원치라는 고갯길이 있다. 차로 넘는 지금도 주변 지리산과 맥이 닿아 있어 꾸불꾸불하고 경사가 심하다. 차도 힘들게 겨우 올라선 고갯마루에 여원치 마애불이 있다. 마애불은 넓은 공터를 바라보는 낮은 암벽에 새겨져 있다. 부처인데, 오른손으로 자신의 가슴을 가린 여인의 모습을 하고 있다. 무슨 사연이 있는지 호기심을 자극한다.

마애불에는 특이한 여인의 모습에 여원치라는 고개 이름과 고려 말의 왜구 침입이 섞여 조성 이야기가 전해진다. 여원치女院峙라는 이름의

마애불 전경_여원치 정상의 암벽에 새겨져 있다.

고개[峙]에 여자[女]가 운영하는 숙박 시설인 원院이 있었다. 원은 오늘날의 여관으로 보면 된다. 차로 다니는 지금도 고갯길은 험하다. 사람들이 걸어 다니던 옛날에는 도적과 생명을 위협하는 야생동물로 더 위험했다. 그래서 밤에 고갯길을 넘어야 하는 사람은 원에서 하룻밤을 묵고 가야만 했다. 원 옆에는 대개 절이 있었는데, 사람들은 부처님에게 고갯길을 안전하게 넘게 해 달라면서 가족의 건강이나 행복도 기원했다.

왜구 침략과 관련된 여원치 마애불 조성 이야기

고려 말에는 왜구의 노략질로 피해가 극심했다. 우왕 6년(1380) 8월, 금강 하구의 진포에 무려 500여 척이 넘는 왜선들이 들어섰다. 나세와 함께 싸움에 참여했던 최무선이 자신이 발명한 화약과 화포를 장착한

144

100척의 전함으로 왜선을 불태우고 왜구를 대파했다(진포대첩). 진포대첩에서 살아남은 왜구가 살육과 노략질을 하면서 충청도, 경상도, 전라도로 흩어졌다. 고려 사회는 혼란에 빠졌다.

남원도 왜구 잔당들이 몰려와서 큰 피해를 보았다. 이런 역사적 배경을 바탕으로 여원치 마애불 조성에 관한 두 가지 이야기가 전해 온다. 첫 번째 이야기다. 여원치 고개를 넘던 왜구 잔당들이 주막에서 행패를 부리다가 주막의 여주인인 노파의 가슴을 만졌다. 노파는 왜구가 만졌던 가슴을 더럽다며 칼로 도려내고 자결했다. 그래서 마애불은 오른손으로 자신의 가슴을 가리는 노파의 모습이라는 설이다. 그때 그녀가 흘린 피는 쪽藍빛이 되어 운봉 주변을 흐르는 남천藍川이 되었다고 한다. 전설 따라 삼천리다.

두 번째는 마애불 옆에 새겨진 명문에서 전하는 이야기이다. 마애불이 생긴 지 약 500여 년 후, 여원치 마애불을 찾은 박귀진이 명문을 새겼다(1901년). 운봉 현감 박귀진은 여원이라는 이름과 바위에 새겨진 여인을 보고 마애불이 누구의 모습인지 궁금했다. 그는 『운성지雲城誌』를 통해 마애불이 여자 산신의 모습이라는 것을 알았다. 운성은 운봉의 옛 이름이다. 『운성지』에 따르면 "고려 우왕 때 이성계 장군이 동쪽을 정벌하라는 명을 받고 여원치 고개에 올랐다. 이때 길에 한 여인이 나타났다가 사라졌는데 그 길로 공격하여 대승을 거두었다. 이성계 장군은 여자 산신이 나타났다고 생각하여 바위에 산신의 모습을 새겨 보호각을 만들어 모셨다."라고 한다. 명문에서 밝히는 여자 모습의 여원치 마애불이 조성된 이유다.

이성계 장군의 활에서 시작된 황산대첩

진포대첩 1개월 후, 이성계 장군은 우왕으로부터 왜구 토벌을 명받고 남원 운봉을 넘어 황산 지역으로 진격했다(1380년 9월). 가까운 인월면에 왜구가 모여 있었기 때문이다. 여러 차례 왜구와 치열하게 싸웠으나 승부는 쉽게 나지 않았다.

왜구의 우두머리는 소년 장수인 아기발도我其拔都였다. 아기발도는 온몸을 갑옷으로 둘러싸고 투구를 썼으며 얼굴에는 보호 가면까지 착용하였다. 그래서 이성계 장군은 여진족 출신의 의형제 이두란과 협의하여 화살로 아기발도를 죽이기로 하였다. 왜구 진영으로 달려든 이성계가 먼저 화살로 아기발도의 투구 끈을 쏘아 투구를 풀었다. 그러자 그의 얼굴이 드러났는데 이두란이 얼굴에 화살을 맞혀 죽였다. 말 탄 기병까지 보유한 정규군 수준으로 평가되는 왜구들은 지도자를 잃자 혼비백산하다가 거의 전멸되었다.

피바위 모습_바위 표면에 왜구의 붉은 핏자국이 남아 있는 듯하다.

황산대첩의 흔적이 여원치 마애불과 운봉읍 주변에 지명과 유적으로 많이 남아 있다. 마애불 주변에 지금은 고남산으로 불리는 태조봉이 있다. 태조봉은 전투 전 태조 이성계가 올라가서 3일간 산신제를 올리면서 승리를 기원한 곳이다. 그래서 운봉현감 박귀진이 밝힌 이야기처럼 정성에 감동한 여자 산신이 이성계에게 승리 전략을 알려 주었던 것일까?

인월면 쪽으로 가까이 가면 도로 옆 남천 가운데에 피바위가 있다. 그때 죽은 왜구의 핏자국이 아직도 선명하게 남아 있는 듯하다. 인월면引月面이라는 지명은 이성계 장군이 왜구를 토벌하는데 밤에 불빛이 부족하여 달빛을 끌어다 썼다는 이야기에서 유래되었다. 인풍리引風里는 바람을 끌어다 왜구를 향해 화살을 쏘았다고 해서 붙여진 지명이다.

『용비어천가』에 기록된 황산대첩

"해동 육룡이 ᄂᆞ르샤"로 시작되는 『용비어천가』에 활을 잘 쏜 태조 이성계를 칭송하는 내용이 다수 있다. 『용비어천가』는 조선 왕조의 창업을 중국의 역대 왕들과 비교하며 칭송한 세종 때의 장편 서사시이다. 특히 제52장에서는 화살로 아기발도의 투구를 벗겨 백성을 구한 이성계 공덕을 노래하고 있다.[24] 이성계의 활 솜씨는 후당 태조와 비교될 만한 것이었다. 달단韃靼으로 도망한 후당 태조는 암살자에게 활 솜씨를 과시하여 아버지 헌조와 함께 위험에서 벗어났다.

---

24 조규태, 『용비어천가』(한국문화사, 2010), 139~140쪽.

請 드른 다대와 노니샤 바놀 아니 마치시면 어비아ᄃ리 사ᄅ시리잇가

請으로 온 예와 싸호샤 투구 아니 밧기시면 나랏 小民을 사ᄅ시리잇가

(후당 태조가 암살) 요청을 들은 달단과 노니시어 (화살로) 바늘을 맞

히지 않았으면 아버지와 아들이 살아났겠습니까?

(이 태조께서) 청으로 온 왜와 싸우시어 (화살로 왜장의) 투구를 벗기

지 않았으면 나라의 백성들을 살리셨겠습니까?

우러르고 사모해야 할 사적이었던 마애불

도드라지게 새겨진 마애불은 입체감이 있다. 살진 얼굴에서는 안전

하게 고갯길을 넘게 해 달라는 나그네의 기원을 들어 주었을 편안함이

느껴진다. 오른 발바닥이 드러나 있어서 좌상이라는 것을 알 수 있다.

하지만 하부가 땅에 묻혀 있어서 전체 모습을 알기 어렵다. 마애불은 얼

굴과 팔도 부분적으로 파손되었다.

『운성지』에서 마애불은 우러르고 사모해야 할 사적이라고 했다. 마

애불은 비바람에 깎이고 이끼가 본래 모습을 가렸다. 보호각은 무너져

있었다. 마애불을 찾았던 운봉현감 박귀진은 탄식했다. 마애불을 물로

닦아내어 자세히 들여다보니 산신의 진면목이 보이는 듯하다고 했다.

석공과 장인을 데려다가 옛 초석과 기둥을 들어내고 새로 들보를 만들

고 기와를 덮었다. 바위에는 명문도 조성했다.

보호각을 중수한 지 약 100여 년이 지난 지금, 마애불은 다시 빈 터에

초석과 함께 쓸쓸히 남았다. 마애불 머리 위쪽으로 보이는 도로에는 차

들이 고개를 넘기 위해 달린다. 고갯길을 오가던 길손의 무거운 인생살이를 덜어주던 마애불이었는데, 이제는 많은 차가 눌러대는 중압감에 허물어지지 않을까 걱정하게 하는 처지가 되었다.

전북 남원 여원치 마애불

- ❌ **소재지** 전라북도 남원시 이백면 양가리 5-3_여원치 고개 정상
- ❌ **조성 연대** 고려
- ❌ **문화재 번호** 전북 유형문화재 제162호
- ❌ **명문** 있음(후대에 조성)
- ❌ **답사 난이도** ★★☆☆☆(다소 쉬움)
- ❌ **아름다운 마애불을 볼 수 있는 시간** 암벽이 남향이어서 종일 햇빛이 든다. 그러나 주변 나무로 마애불에 짙은 그늘이 진다.

· 보충 내용 ·

후당 태조

당나라 말기의 혼란 속에 후당 헌조가 토곡혼의 도독 혁연탁과 싸우다가 패했다. 그리고 아들 태조와 함께 몽골 지역의 달단으로 도망쳤다. 혁연탁은 부자父子를 암살하려고 했다. 활 솜씨가 뛰어났던 태조가 화살로 나뭇가지에 걸어둔 바늘을 맞추는 등 실력을 과시하여 아버지 헌조와 함께 위기에서 벗어났다. 나중에 태조는 황소의 난을 진압했는데 그 공이 으뜸이었다. 태조는 한쪽 눈이 작은 애꾸눈이었지만 영웅이라는 뜻으로 독안룡獨眼龍으로 불리었다. 태조가 죽은 후 아들이 후당(923~936)을 건국하였다.

고창 운선암 마애불입상

고창 운선암에 있는 마애불입상에도 여원치 마애불과 비슷한 전설이 있다. 마애불은 같은 절에 머물던 떠돌이 남자가 자신의 가슴을 만지자 수치심에 가슴을 도려내고 죽은 처녀의 모습을 하고 있다(소재지: 전라북도 고창군 성송면 계당리 산24-2).

고창의 운선암 마애불입상_남원의 여원치 마애불과 비슷한 전설을 가지고 있다.

150

남원 개령암터 마애불상군

마애불상군은 지리산 정령치라는 험준한 고갯길 휴게소 부근에 있다. 두 개의 거대 마애불을 중심으로 모두 열두 개의 불상이 거대 암벽에 새겨져 있다(보물 제1123호). 정령치 아래 달궁마을에 '달의 궁궐'이라는 뜻의 달궁이 있었다고 한다. 삼국 시대 이전 마한의 왕이 진한의 공격을 피하여 지리산으로 들어와 궁궐을 세웠다고 한다. 열두 개 마애불 중 두 개의 대형 마애불은 달궁을 지키던 황장군과 정장군의 모습이라 전한다. 그러나 실제로 마애불은 고려 시대에 조성된 것으로 보고 있다. 동남향의 마애불에는 오전 중에 햇빛이 들며 오전 11시 30분~12시 30분에 좀 더 선명한 모습을 볼 수 있다(소재지: 전라북도 남원시 산내면 덕동리 산215).

남원 개령암터 마애불상군_마애불 중 안동 하회탈을 닮은 대형 마애불.

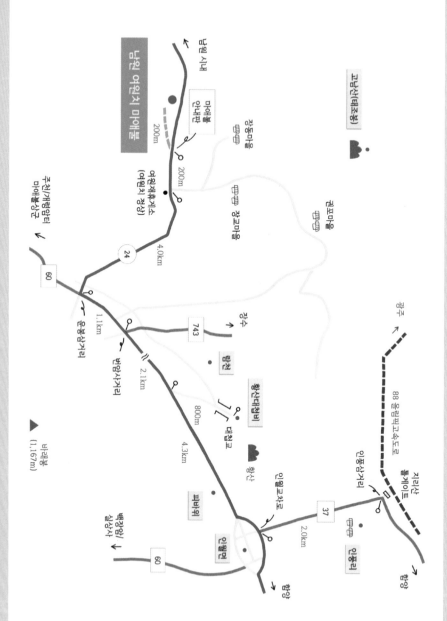

고남산(태조봉)

남원 시내

남원 실상사 미애불

200m

미애불
안내판

200m

장동마을

권포마을

장미마을

24

역원체휴게소
(역원지 장상)

4.0km

1.1km

운봉삼거리

60

주천/개령암터
미애불상군

743

광주

88 올림픽고속도로

지리산
통케이블

인월삼거리

2.1km

함천

번암사거리

황산대첩비

대정교

800m

황산

인월교차로

37

인월터

2.0km

함양

4.3km

피바위

인월

백장암/
실상사

60

함양

미래봉
(1,167m)

6

경기 파주 용미리
마애불

어린 조카의 왕위를 찬탈한
두 왕의 모습이 겹쳐지다

고려와 조선 시대, 어린 조카의 왕위 찬탈 역사

서로 다른 시공간에 존재하는 사람의 운명이 같은 식으로 반복된다
는 '평행이론'이 있다. 시대는 다르지만 비슷한 상황에서 발생한 비슷한
유형의 사건이 있다. 대표적인 것이 조선 세조가 어린 조카 단종의 왕위
를 찬탈한 사건이다. 잘 알려지지 않았지만 비슷한 일이 고려에도 있었
다. 고려 숙종도 어린 조카를 왕위에서 쫓아내고 자신이 임금이 되었다.
두 사건은 아래와 같은 공통점이 있다.

① 왕위 찬탈자가 정치적 야망은 컸으나 맏아들이 아니었다는 점

② 왕위를 찬탈한 자가 작은아버지이고 찬탈당한 자가 어린 조카였다는 점

③ 왕위 찬탈자가 자신을 반대하는 형제, 친척, 신하 등을 귀향 보내거나 죽였다는 점

④ 왕위 찬탈자인 아버지의 죄업을 자식이 대신 받았다는 점

파주 용미리 마애불에는 이전부터 아들을 바라던 고려의 선종이 만들었다는 얘기가 전해지고 있었다. 10여 년 전, 기존 이야기를 뒤집는 새로운 연구가 나왔다. 연구에서는 파주 용미리 마애불의 명문이 해독되었다. 마애불은 조성 목적, 조성자 등 여러 면에서 조선 세조와 관련되어 있다고 한다. 또 마애불의 고려 시대 전설과 조선 초기 명문에 어린 조카의 왕위 찬탈 사건이 공통으로 있음도 발견하였다.[25]

용미리 마애불이 조선 초에 만들어졌다는 연구에 동의한다. 조선 초의 문신 강희맹이 지은 시에서도 용미리 마애불의 내용이 있어서 연구 결과에 힘을 실어주고 있다. 새로 제기된 연구를 중심으로 파주 용미리 마애불을 찾아가 보는 건 어떨까?

길가의 높은 언덕 바위에 깎고 새긴 마애불

벽제에서 북쪽으로 혜음령 고갯길을 넘으면 용미리 입구에 혜음원 터가 있다. 혜음원터를 지나서 인근 모퉁이를 돌아서면 낮은 장지산 숲

---

25 이경화, 「파주 용미리 마애이불병립상의 조성시기와 배경 — 성화7년 조성설을 제기하며」, 『불교미술사학』 제3집(통도사성보박물관 불교미술사학회, 2005.10.30), 82~87쪽.

낮은 장지산 중턱 숲에서 고개를 내민 마애불.

마애불_거대 바위에 몸체를 새기고 별도로 머리를 만들어 얹었다.

에서 고개를 내민 큰 바위 얼굴 두 개가 보인다. 바로 용미리 마애불이다. 마애불의 첫인상이 시 「과혜음석불하기사(過惠陰石佛下記事, 혜음의 석불 밑을 지나며)」에 그대로 살아 있다. 시는 조선 초의 문신인 강희맹(1424~1483)이 막 조성된 마애불을 지나면서 지었는데 『속동문선』 제4권 칠언고시 편에 실려 있다.

天生山骨立道傍	자연스레 생겨난 바위가 길가에 서 있는데
冥頑晶屭堅且剛	매우 굳고 또 단단하네
苔封蘚蝕潤不乾	이끼가 나고 축축이 마르지 않아
萬古巋然臨高岡	만고에 우뚝 높은 언덕에 임하였네
何人斲鏤作雙佛	누가 깎고 새겨 쌍부처를 만들었는가
面目肖似瞿曇王	얼굴이 마치 석가모니를 닮았네

— 「과혜음석불하기사(過惠陰石佛下記事, 혜음의 석불 밑을 지나며)」 부분

고려 시대 조성설에 힘을 실어준 마애불 전설

용미리 마애불은 두 개의 입상으로 조성되었다. 정면에서 보아 왼쪽 부처는 둥근 갓을 쓰고 있다. 가슴에 모은 두 손에는 지금은 없지만 연꽃 같은 지물을 들었을 것이다. 오른쪽 네모난 얼굴의 부처는 두 손을 모아 합장하고 있다. 마애불 둘 다 거대 바위에 몸통을 새기고 별도의 돌로 머리를 만들어 얹었다. 용미리 마애불의 조성 기법은 통일신라 말부터 고려 초까지 유행한 것이다. 머리도 얼마나 큰지 목, 얼굴, 이마, 모

자 등의 네 부분으로 나누어 조각한 후, 순서대로 얹었다. 그래도 거대 몸통과 비교하면 옷자락은 가벼워 보여서 세련된 솜씨를 보여준다.

마애불에는 이전부터 고려 시대에 조성되었다는 전설이 전해져 온다. 고려 선종의 제3비였던 원신궁주는 아들이 없어서 걱정이었다. 어느 날 원신궁주의 꿈에 장지산의 바위에 산다는 두 도승이 나타나서 먹을 것을 달라고 하였다. 이상한 꿈 이야기를 들은 선종이 장지산에 사람을 보내어 확인했더니 거대 바위가 있었다. 왕은 바위에 두 도승을 새기고 원신궁주는 마애불에 불공을 드렸더니 아들이 태어났다. 그래서 마애불 전설은 머리를 별도로 만들어 몸체에 붙인 조성 기법, 거대화된 불상 등과 함께 고려 시대 조성설의 근거가 되었다.

명문에서 밝혀진 마애불의 조선 초기 조성설

앞에서 언급한 최근 연구에서 마애불이 조선 초기에 조성되었다는 의견이 제기되었다. 연구에 따르면 마애불은 조선 성종 2년(1471)에 만들어졌다. 마애불이 민불을 닮았고 연꽃을 든 부처의 둥근 모자가 고려 말

마애불 오른쪽 옆에 있는 명문_약 200여 개의 글자가 새겨져 있다.

~조선 초 관리의 모자를 닮았다는 점 등도 조선 시대 조성설의 근거가 되었다. 강희맹이 지은 시에서도 마애불이 조선 초기에 조성되었음을 알 수 있다. 마애불 조성에는 큰돈이 들고 천 명의 인부, 만 마리의 소들이 동원되면서 당시 사람들의 입에 오르내렸다. 마애불을 조성할 때의 폐단이 강희맹의 말을 몰던 마부의 입을 통해 시로 전해지고 있다.

명문에 깔린 조선 세조의 왕위 찬탈 사건

연구에 따르면 명문에서 밝힌 조성 연도, 조성 목적, 조성자는 세조와 관련된 것으로 보고 있다. 마애불은 세조가 죽은 지 3년 후 성종의 경사, 정희왕후의 평안, 세조의 극락왕생을 기원하며 조성되었다. 세조는 제9대 왕 성종의 할아버지였고 정희왕후는 세조의 비이자 성종의 할

마애불 뒷모습_목, 얼굴, 이마, 모자의 네 부분으로 나누어 조각했다.

머니였다.

　마애불 조성자들 역시 세조의 측근이었다. 대표적으로 함양군은 세조의 동년배 사촌, 심장기는 세조의 외삼촌이었다. 특히 함양군은 앞에서 언급한 강희맹의 시 중간 부분에 등장한다. "전성불구구복리鐫成佛軀具福利(부처를 새겨 행복과 이익을 갖추고자 할 때) 몽감귀척경함양夢感貴戚卿咸陽(임금 인척인 함양군의 꿈에서 감응했다네)"이라고 하여 함양군이 마애불 조성에 관여했음을 당시 사람들도 알고 있던 것으로 보인다. 조성자로 이름을 직접 드러내지는 않았지만, 한명회는 세조가 왕위를 찬탈하는 데 일등 공신이었다. 두 딸은 세조의 며느리와 손자며느리가 되기도 했다.

　세조라고 하면 무엇이 떠오를까? 대부분의 사람은 단종의 왕위 찬탈 사건을 먼저 떠올린다. 세종(제4대 왕)의 둘째 아들인 세조는 왕이 되고자 하는 야망이 컸다. 그래서 형인 문종(제5대 왕)이 죽고 문종의 아들인 단종(제6대 왕)이 12세의 나이에 왕위에 올랐을 때(1452년), 세조는 많은 사람을 죽이면서 본격적인 왕위 찬탈에 시동을 걸었다.[26]

　세조는 김종서, 황보인 등이 세조의 친동생인 안평대군을 왕으로 추대하여 역모를 꾸몄다는 핑계로 이들을 살해하고 안평대군도 유배지에서 죽였다(계유정난, 1453년). 사육신은 수양대군이 왕위를 찬탈하고 왕이 된 것(1455년)에 분개하여 단종을 복위하고자 했지만, 발각되어 죽임을 당했다(1456년). 신하들의 부추김 속에 단종은 노산군으로 강등되어 영월로 유배되었다(1457년). 수양대군의 친동생 금성대군도 수양대군의 왕위 등극에 반발하다가 경북 영주로 유배 되었다. 금성대군 역시 단종의

---

26 유종문, 『이야기로 풀어쓴 조선왕조실록』(아이템북스, 2013), 145~164쪽.

유배 소식을 듣고 단종 복위를 계획했는데, 관노의 고발로 사전에 발각되면서 반역죄로 처형되었다. 금성대군의 단종 복위 사건 1개월 후 단종은 유배지인 영월에서 17세의 나이로 죽음을 맞이했다. 왕위에 오른 지 5년 5개월 만이었다(1457년 10월).

단종이 죽은 후 친인척도 불행한 결말을 맞았다. 단종보다 7살이 많았던 누이 경혜공주도 그랬다. 그녀의 남편은 금성대군과 함께 처남이었던 단종의 복위를 꾀하다가 유배지에서 처형당했다. 경혜공주 역시 남편의 죽음 후 관비에서 비구니가 되는 등의 파란만장한 삶을 살았다. 그리고 혜빈 양씨와 그의 세 아들도 모두 유배지에서 죽었다. 혜빈 양씨는 단종이 태어난 지 3일 만에 죽은 단종의 어머니 현덕왕후를 대신해 그를 돌본 세종의 후궁이었다. 단종의 비였던 정순왕후 송씨도 단종이 영월로 쫓겨나자 동대문 밖 정업원에서 머물렀다. 18세에 과부가 된 송씨는 세조가 주는 식량도 거절하고 자줏물을 들이는 염색을 하면서 살았다.

마애불 전설에 숨은 고려 숙종의 왕위 찬탈 사건

고려 시대의 마애불 전설에도 고려 숙종이 어린 조카의 왕위를 찬탈했다는 역사적 사건이 숨어 있다. 숙종(재위 1095년~1105년)은 고려의 제15대 왕으로 문종(제11대 왕)의 셋째 아들이다. 계림공으로 불렸던 그는 왕이 되고자 했다. 첫째 형이 순종(제12대 왕)으로 즉위했으나 병약하여 4개월 만에 죽었고 둘째 형이 왕위를 계승하여 선종(제13대 왕)이 되었다. 마애불 전설에 나오는 왕이다. 선종이 죽자 제2비에서 얻은 아들이 11세의 나이로 헌종(제14대 왕)이 되었다. 어리고 병약한 조카 대신 자신이 왕위를 물려받을 것이라는 예상이 빗나가면서 계림공은 크게 반발했다. 계림공은 왕위 찬탈에 시동을 걸었다.

첫 번째 핑곗거리가 이자의의 난이었다. 당시 문신인 이자의는 마애불 전설에 나오는 선종의 제3비 원신궁주의 오빠였다. 계림공은 이자의가 원신궁주의 아들 한산후를 왕으로 세우려고 반란을 일으킨 것을 핑계로 이들 세력을 제거했다. 한산후는 마애불 전설에서 원신궁주가 마애불에게 기도하여 낳은 아들이었다. 많은 사람이 죽는 가운데 한산후는 어머니 원신궁주와 함께 유배당했다. 사건은 조선 세조가 안평대군의 역모를 핑계로 많은 사람을 제거한 계유정난 등의 사건을 닮았다. 그러자 어린 헌종은 1년 만에 스스로 왕위에서 물러났고 계림공이 왕위에 올라 제15대 왕 숙종이 되었다(1095년).

두 왕의 자식에게 대물림된 업보

숙종과 세조의 닮은 꼴 운명은 여기서 끝나지 않았다. 결과적으로 자신에게로 왕의 혈통이 돌려졌지만, 그 죄업이 자식에게 대물림된 점도 닮았다. 원하던 권력은 손에 쥐었지만 많은 사람을 죽인 탓이었을까? 고려 숙종의 자식들은 맏아들인 예종을 빼면 모두 요절하거나 난을 일으킨 이자겸으로부터 모진 핍박을 받았다.[27] 조선 세조의 두 아들 역시 그랬다. 맏아들 의경세자는 왕이 되기 전에 병으로 20세에 죽었다. 둘째 아들도 세조의 뒤를 이어 예종으로 즉위했으나 15개월 만에 20세

---

27 이상각, 『열정과 자존의 오백년 고려사』(들녘, 2010), 199쪽.

의 나이로 죽고 말았다. 세조 역시 재위 기간에 조카를 죽인 죄책감에 시달렸다. 게다가 꿈에 나타난 단종의 어머니이자 형수인 현덕왕후가 세조의 얼굴에 침을 뱉은 후 피부병에 걸려 고생했다. 그래서 세조는 피부병을 고치기 위해 전국의 온천과 절을 돌아다녔다.

우연의 일치인지는 모르겠지만 세조가 왕이 되는 데 일등 공신이었던 한명회도 두 딸에게 업보가 대물림되었다. 한명회는 셋째 딸을 세조의 둘째 아들 예종에게 시집보내 세조와 사돈 관계를 맺었다. 그러나 예종이 왕위에 오르기도 전에 딸은 17세의 나이로 죽었다. 마애불이 조성되기 10년 전이다. 셋째 딸의 무덤이 용미리 마애불 부근에 있는 공릉이다. 한명회의 넷째 딸도 성종의 비가 되었으나 성종 즉위 5년 만에 자식 없이 19세에 죽고 말았다. 마애불이 조성된 지 3년 후의 일로 넷째 딸은 공릉 옆 순릉에 묻혔다. 살아서 권력을 누렸던 한명회도 죽은 지 17년

파주 용미리 주변의 공릉_한명회의 셋째 딸이 묻혔다.

162

후인 연산군 10년(1504) 갑자사화 때 부관참시를 당했다. 연산군의 생모였던 폐비 윤씨의 죽음에 관련되었다는 이유에서였다.

파주 용미리에 마애불이 조성된 이유

마애불은 높이가 17m 이상 되는 거대 바위에 새겨졌다. 바로 앞에 서면 압도당할 정도다. 용미리 마애불은 크기만큼 당시의 권력을 상징적으로 보여준다. 마애불 조성에는 파주 출신인 정희왕후의 지원이 컸을 것으로 추정한다. 생전에 많은 불사를 했던 남편 세조처럼 그녀도 마애불 조성에 많은 지원을 했다. 한명회도 파주 용미리의 공릉과 순릉이 어린 나이에 죽은 두 딸의 무덤이라는 점에서 마애불 조성과 관련성이 있을 것으로 보고 있다. 아버지로서 마애불 조성에 참여해 딸의 명복을 빌지 않았을까?

마애불에 드리워진 왕위 찬탈 세력과 비난 세력

당시 사람들의 눈으로 왕위 찬탈 사건을 보면 어땠을까? 반인륜적으로 어린 조카를 죽이고 왕위에 오른 것도 입에 오르내렸을 텐데, 유교를 숭상하는 조선이었으니 오죽했을까? 마애불을 통해 드러내놓고 권력을 과시하는 것도 눈꼴사나웠을 것이다. 그래서 마애불이 조성될 때나 이후라도 누군가가 세조의 왕위 찬탈을 고려 시대의 유사 사건에 빗대어 전설로 만든 건 아니었을까? 그러면서도 직접적인 비유에 의한 뒤탈은 염려되었던 것일까? 기자 신앙에 바탕을 둔 마애불 전설을 표면에 내세우고 왕위 찬탈 사건은 수면 아래로 숨겨 놓은 것이 아닐까?

위 내용을 고려하면 한 개의 마애불에 두 세력의 모습이 드리워져 있다. 두 세력이란 거대 마애불을 조성한 세조 측근들과 이들을 에둘러 비난한 사람들이다. 마애불 조성 세력의 모습은 마애불의 거대한 모습과 명문에 나타난다. 반면 이들을 비난한 사람의 모습은 마애불 전설 안에 숨어 있다.

마애불을 둘러본 후 계단 길을 내려온다. 만추의 단풍잎 사이로 마애불이 조금 드러난다. 위엄 있지만 토속적이고 해학적인 얼굴에서는 권력 과시보다 포용이라는 단어가 진하게 와 닿는다. 그러고 보니 조선 세조의 왕위 찬탈 이후 세월은 500년 이상이나 흘렀다.

경기 파주 용미리 마애불

✕ **소재지** 경기도 파주시 광탄면 용미리 산8(용암사)_장지산 중턱
✕ **조성 연대** 조선 성종 2년(1471)
✕ **문화재 번호** 보물 제93호
✕ **명문** 있음
✕ **답사 난이도** ★★☆☆☆(다소 쉬움)
✕ **아름다운 마애불을 볼 수 있는 시간** 종일. 바위가 남향하고 있어 종일 햇빛 좋은 모습을 볼 수 있다.

보충 내용

경릉과 창릉

2009년 6월 세계문화유산으로 지정된 조선 왕릉 중 한 곳으로 서오릉(사적 제198호) 내에 있다. 세조의 맏아들인 의경세자가 20세에 죽었을 때 풍수지리에 따라 선정되었다. 나중에 덕종으로 추존되면서 능호는 경릉이 되었다. 그리고 세조의 둘째 아들인 예종도 제2비인 안순왕후 한씨와 함께 창릉에 묻혀 있다. 서오릉은 경릉과 창릉을 포함해서 2기의 원과 1기의 묘 등 모두 5기의 무덤이 있어 불리는 이름이다. 숙종의 후궁이자 왕비인 장희빈의 묘도 있다(소재지: 경기도 고양시 덕양구 서오릉로 334—32).

수국사

조선 세조가 맏아들 의경세자의 명복을 비는 원찰로 경릉 옆에 정인사를 세웠다(1457년). 대한제국 광무 4년(1900)에 순종의 병이 정인사 스님의 기도로 완치되어 고종이 수국사守國寺로 중창했다(소재지: 서울특별시 은평구 서오릉로23길 8—5).

경릉_의경세자가 요절하여 묻힌 왕릉.

공릉과 순릉

조선 왕릉 중 한 곳인 파주 삼릉(사적 제205호) 내에 있다. 세조와 사돈을 맺은 한명회의 두 딸이 묻혀 있다. 두 딸 모두 꽃다운 나이에 죽었다. 세조의 둘째 아들 예종의 제1비였던 셋째 딸은 공릉, 세조의 손자 성종의 제1비였던 넷째 딸은 순릉에 묻혔다. 삼릉에는 영조의 왕세자(진종)와 왕세자비의 무덤인 영릉 등 모두 세 개의 능이 있다. 파주 용미리 마애불 부근에 있다(소재지: 경기도 파주시 조리읍 삼릉로 89).

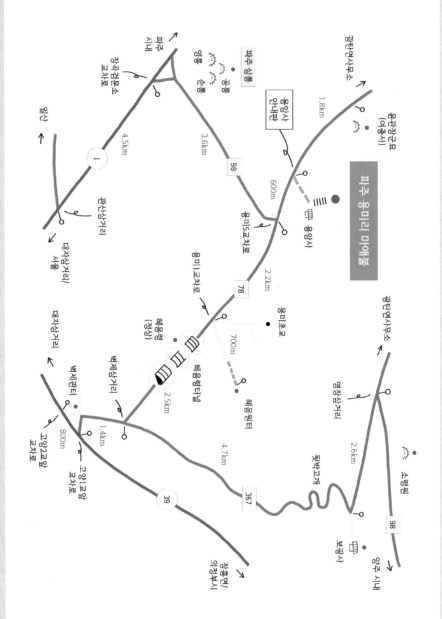

파주 용미리 마애불

용암사 안내판

파주 삼릉

1

일산

4.5km

경복검문소 교차로

파주 시내

영릉

공릉 순릉

3.6km

98

600m

철문 용암사

광탄면사무소

용관장군묘 (대웅사)

1.8km

용미5교차로

2.2km

78

용미1교차로

용미초교

700m

혜음원 (정자)

혜음원터널

2.5km

혜음원터

백제관터

1.4km

백제상거리

대자산거리/서울

편산상거리

대자산거리

800m

고양2교양 교차로

고양1교양 교차로

39

장흥면/의정부시

367

4.7km

돗박고개

영장상거리

2.6km

광탄면사무소

소령원

보광사

98

양주 시내

7

전남 진도 금골산
마애불

조선 시대의 「금골산록」과 함께 하는 마애불 여행

바다 안개가 자욱한 진도를 들어서며

광주광역시 시외버스터미널에서 탄 새벽 첫 시외버스가 마침내 진도대교로 들어서고 있었다. 서울에서 심야 우등고속버스를 타고 새벽에 도착한 광주에서 다시 진도행 첫 버스로 갈아탄 지 두 시간이 지난 후였다. 주변이 환하게 밝아오는 시간인데도 버스 창밖은 흐릿했다. 내가 아직 잠에서 덜 깨서 그런가 했는데 안개가 뿌옇게 낀 탓이다.

진도는 유배의 섬이었다. 고려 시대나 조선 시대에 적지 않은 사람이 진도로 귀양 왔다. 요즘은 차를 이용하여 내륙인 해남 우수영에서 진도대교를 거쳐 진도로 들어서면 되지만 그때는 뱃길로 갔다. 섬에 들어설 때 그들의 어지러운 심정이 지금의 아침 안개와 같지 않았을까? 복직되어 살아서 돌아갈 수 있을지 알 수 없는 안개 같은 앞날이지 않았을까?

유배 온 사람 중에서 진도의 생활과 심경을 글로 남긴 조선 초기의 문신 이주가 있다. 이주의 「금골산록金骨山錄」에는 금골산에 조성된 마애불 이야기도 있다. 그래서 하루라는 짧은 시간이지만, 진도 유배 생활에서 그가 남긴 금골산 발자취를 따라 마애불 여행에 나섰다.

이주가 글로 남긴 금골산 이야기

이주는 「금골산록」에서 "무오년 가을에 나는 죄를 짓고 이 섬으로 귀양살이 왔다"라고 했다. 그가 귀양 온 무오년은 조선 연산군 4년(1498)으로 그해에 무오사화가 발생했다. 무오사화는 훈구파에 의해 대립 세력인 신진 사림파가 큰 화를 입은 사건이었다. 훈구파는 성종실록의 사초史草에 사림파가 세조의 왕위 찬탈을 비난하는 내용을 쓴 것을 문제 삼아 연산군에게 일러바쳤다. 이때 사림파의 중심이었던 김종직은 부관참시 되고 그를 따르던 문인들은 죽거나 귀양을 갔다.

이주도 김종직의 문인이었는데 임금을 업신여겼다는 등의 죄목으로 31세에 진도로 귀양을 오게 되었다. 외롭고 힘들었던 귀양살이 4년째의 9월에는 왕세자 책봉을 기념하여 대사면령이 내려졌다. 기다림 속에 살아오던 하루하루였지만 자신은 그 줄에 끼지 못해 마음이 어지러웠다. 그래서 세상 살아갈 뜻이 없어진 이주는 동자에게 술 한 병을 들게 하고 금골산에 올랐다.

이주의 글에 따르면 금골산에는 서굴, 상굴, 동굴 등 모두 세 개의 굴

거대한 바위로 된 금골산 전경_금빛으로 빛나는 듯 신비한 느낌을 준다.

정상에서 동굴로 내려가는 아찔한 바위 계단 길.

이 있다. 그는 먼저 서굴에 들러 승려 두 명과 함께 자신이 머물 상굴에 올랐다. 서굴西窟은 산의 서쪽에 있는데 굴 옆에 별도로 오래된 절 67칸에 승려들이 거처하였다. 상굴上窟은 가장 높은 가운데 봉우리의 정상 아래에 있다. 서굴을 거쳐 오르는 정상까지의 길은 매우 험했다. 그리고 힘들게 오른 산 정상에서 40여 보와 12개의 바위 계단을 내려가야 상굴이 있는데, 내려가는 바윗길은 더 아찔하다. 상굴 옆으로 8~9보쯤 가면 동굴東窟이 있는데 미륵불이 있다.

발을 딛기 어렵고 아찔한 마애불 가는 길

금골산은 동네 뒷동산처럼 낮지만 위용은 대단하다. 한 개의 거대 암벽이 수직으로 서 있는 듯해서 기괴하며 금처럼 빛나는 산은 신비감을 준다. 실제로 바닷속에서 융기한 금골산金骨山은 겉으로 드러난 산의 지층이 뼈[骨]처럼 보이고 햇빛에 금[金]처럼 빛난다. 해언사라는 절 옆으로 길을 따라 산을 오르기 시작하는데 "산은 산이요"라는 말이 실감난다. 낮다고 깔볼 산은 아니다. 정상에 서면 진도 앞바다와 바다를 막아 개간한 둔전평야, 진도대교가 360도 파노라마처럼 펼쳐진다.

마애불은 정상에서 약 50m 정도 내려간 곳에 있다. 그런데 이게 웬일인가? 마애불이 있는 굴로 내려가는 바위 계단 길이 만만치 않았다. 경사가 급한 바위에 조그만 홈을 파서 계단을 만들었는데 발을 딛기도 어려웠다. 게다가 아래를 내려다보면 금성초교 운동장이 보이는데 현기증이 났다. 마애불 가는 길이 힘들고 위험했다는 기록을 실감할 수 있는 순간이었다. 아슬아슬하게 발을 내려 들어선 굴 안에서 겨우 안도의 한숨을 내쉰다. 상굴上窟이다. 바다 쪽으로 뚫린 곳에 천 길 낭떠러지가 있다. 낭떠러지 끝의 대나무 군락이 시야를 가려서 위험하다는 생각을 잊게 해준다. 굴 안쪽은 생각보다 넓고 평평한 땅이다. 흙으로 잘 다져져서 이전부터 누군가 드나들었다고 추측할 수 있다.

마애불 전경_상굴 바로 옆의 동굴에 마애불이 있다.

마애불_살지고 늘어진 얼굴이 친근하다.

금골산의 영험함을 받아 마을을 수호했을 마애불

굴 안쪽으로 8~9보쯤 가면 동굴東窟이 있는데, 마애불이 있다. 마애불은 바다를 바라보는 확 트인 동굴 벽의 낮은 곳에 새겨져 있다. 동굴 벽에 드리워진 얕은 그늘 속에서 마애불이 웃으며 반겨 준다. 살지고 늘어진 얼굴에서는 넉넉함이, 조그만 눈과 입, 크고 뭉툭한 코에서는 친근함이 물씬 묻어 나온다. 한 개의 둥근 원으로 표현된 두광은 친근함을 주지만 위대한 권능을 가지고 있다는 표현이다. 그러나 조각적인 관점에서 볼 때는 전체적으로 긴장감이 없고 느슨한 느낌을 준다. 조선 시대의 전형적인 불상 모습이다.

「금골산록」에 따르면 마애불은 진도 군수로 3년간(1469~1472) 재임했던 유호지가 시주하여 조성했다. 이주가 귀양 오기 약 30년 전의 일이다. 이주는 금골산과 마애불 이야기를 한다. 금골산은 매년 빛을 발산했고 영험함이 많아서 유행병이 돌거나 가뭄과 장마 때 기도하면 반드시 효과가 나타났다. 그러나 마애불을 만든 뒤부터 산에서 빛이 나는 일이 없어졌다. 당시 사람들은 산의 신기함과 영험함을 마애불이 대신 이어받았다고 생각하였다. 이주 역시 불가에서 전하는 황당한 이야기라고 하면서도 들을 만하다고 했다.

굴에서는 아찔한 절벽 아래로 바다와 마을이 훤히 내려다보인다. 마애불은 고기잡이와 농사를 기반으로 살아가는 마을 사람의 평안과 행복을 지켜주지 않았을까? 그리고 마애불에는 왜구의 침입에서 벗어나길 기원하는 마을 사람의 마음도 담겼을 것이다. 일본과 지리적으로 가까웠던 진도는 해상 교통의 요지이며 땅이 기름져서 왜구 침입이 잦았기 때문이다. 특히 고려 말부터 조선 초까지 왜구 침입이 극성을 부릴 때 큰 피해를 받았다. 그래서 진도 사람이 인근 내륙지방인 해남으로 집단 이주하여 약 87년간(1350~1437) 섬이 텅 비기도 했다. 사람들이 진도로 다시 돌아온 때는 마애불이 조성되기 30여 년 전이었다.

마애불을 기록한 이주의 「금골산록」이 가지는 의미

이주는 마애불이 있는 동굴 옆 상굴上窟에서 괴로운 마음을 달래고자 산속 생활을 했다. 그는 상굴에 도착하자 먼지를 쓸어내고 벽을 바르며 나무를 베어 부엌에 불을 때고 환기를 시켰다. 이주는 바닷바람을 얼굴로 맞고 밤하늘의 별을 바라보면서 시간에 구애받지 않고 초연하게 지냈다. 어떤 때는 초심을 생각하고 마음을 고쳐먹으면서 절망에서 벗어나고자 했다. 이주의 시 중에서 「야좌(夜坐, 밤에 앉아서)」는 상굴 생활을 배경으로 쓴 것으로 보인다.

陰風慘慘雨淋淋	음산한 바람 처량하고 비는 추적추적 내리는데
海氣連山石竇深	바다 기운은 산속 깊은 석굴까지 이어지네
此夜浮生餘白首	이 밤 덧없는 인생에 흰 머리만 남아
點燈時復顧初心	등불 켜고 가끔 다시 초심을 돌아본다

— 「야좌(夜坐, 밤에 앉아서)」 전문

군의 태수가 술을 들고 찾아와서 말리고, 친구들은 편지로 위험한 동굴 생활을 빨리 끝내고 산에서 내려오길 청했다. 결국 이주는 23일 만에 하산했다. 그가 하산하면서 「금골산록」과 함께한 나의 마애불 여행도 마침표를 찍었다.

금골산 마애불은 불교가 억압받던 조선 시대에 유학자 출신의 지방 관리가 만들었다는 점에서 흥미롭다. 마애불에 관한 내용을 약 30년 후 진도에 귀양 온 유학자가 「금골산록」으로 남긴 점도 의미가 있다. 「금골산록」은 『속동문선』 제21권 녹錄 편에 실려 있다. 실제로 「금골산록」처럼 마애불을 직접 언급한 기록은 별로 없다. 고려 중기의 문신인 이규보가 전북 고창의 선운사 동불암터 마애불을 기록한 「남행월일기南行月日記」, 조선 중기의 문신인 정상이 전남 영암의 월출산 마애불에 관해 간단하게 언급한 「월출산유산록月出山遊山錄」, 경남 거창의 가섭암터 마애삼존불을 기록한 정시한의 「산중일기山中日記」 등이 있다. 조선 초의 문신 강희맹은 시 「과혜음석불하기사(過惠陰石佛下記事, 혜음의 석불 밑을 지나며)」에서 경기 파주의 용미리 마애불에 관한 내용을 남겼다. 현재까지 마애불의 기록은 이 정도만 남아있다. 그래서 「금골산록」이 마애불에 관한 내용을 남겼다는 점에서 나름의 의미가 크다.

전남 진도 금골산 마애불
- ※ **소재지** 전라남도 진도군 군내면 둔전리 산75−1_정상 부근
- ※ **조성 연대** 조선
- ※ **문화재 번호** 전남 문화재자료 제110호
- ※ **명문** 없음
- ※ **답사 난이도** ★★★☆☆ (무난함)
- ※ **아름다운 마애불을 볼 수 있는 시간** 동굴 안에 있어 햇빛 드는 모습을 보기 어렵다.

금골산 하산 이후 이주의 생애

진도를 벗어나지 못 할 줄 알았던 이주는 유배 생활 6년 후인 연산군 10년(1504) 4월에 진도에서 제주도로 유배지가 바뀌었다. 그리고 1개월 후인 5월에 서울로 압송되었다. 그해 갑자년에는 갑자사화의 피바람이 몰아치고 있었다. 연산군이 생모의 죽음에 찬성한 사람을 모두 죽이고 있었다. 서울로 압송되었던 이주도 폐비 윤씨의 죽음에 찬성하였다는 죄목 등으로 처형당하고 말았다. 그의 나이 37세였다.

진도대교 주변 울돌목에서의 명량대첩

진도대교 아래 바다 곳곳에서 소용돌이가 일고 있다. 진도대교가 있는 곳의 바다 폭이 상대적으로 좁아서 남해 바닷물이 서해 방향으로 빠져나가는 밀물 때에 물살이 몰리면서 빨라진다고 한다. 진도대교 부근은 물살이 '우는 소리'를 내고 '돌'면서 소용돌이를 일으키는 '목'이라고 해서 '울돌목', 한자로는 명량鳴梁이라고 한다. 정유재란 때는 이순신 장군이 울돌목의 거센 조류를 이용해 13척의 배로 130여 척의 왜선을 물리쳤다. 이 해전이 유명한 명량대첩이다.

울돌목의 뜰채 숭어잡이

진도대교 아래 바닷가 바위에서는 한 손에 큰 뜰채를 들고 매의 눈으로 바닷속을 응시하고 있는 사람들을 볼 수 있다. 바닷물 속에서 뜰채를 건져 올릴 때마다 안에는 숭어가 펄떡이고 있다. 떼로 몰려다니는 숭어도 무서운 바다 한가운데를 피해 물길이 약한 바닷가로 이동한다. 4~6월에 볼 수 있는 진기한 풍경이다.

진도 향동리 마애불

매봉산을 오르는 산 입구의 굴바위에 있다. 마애불은 돋을새김으로 새겨져 얼굴과 몸은 드러난다. 하지만 바위질이 고르지 못하고 표면의 마모가 심해서 세부적인 표현은 알아보기 힘들다. 얼굴과 머리 주변의 두광, 신광은 괜찮은 편이다. 마애불은 조선 시대에 조성되었을 것으로 보며 높이는 약 2.5m이다. 동향이라 햇빛 드는 오전에는 비교적 마애불 형체를 알아보기 쉽다(소재지: 전라남도 진도군 고군면 향동리 산238).

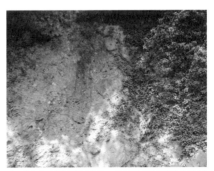
진도 향동리 마애불_얼굴과 몸은 드러나지만 세부 표현은 알아보기 어렵다.

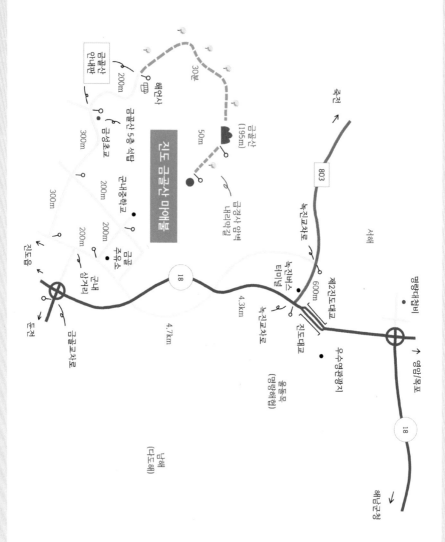

진도 금골산 마애불

금골산
안내판

금골산
(195m)

해언사

금경사 이막
내리막길

30분

50m

200m

금골산 5층 석탑

300m

금성초교

200m

군내중학교

200m

200m

금골
주유소

300m

군내
삼거리

진도읍

둔전

금골교차로

18

4.7km

4.3km

녹진교차로

녹진버스
터미널

녹진교차로

진도대교

제2진도대교

600m

803

녹진교차로

서해

축전

벽파대첩비

영암/목포

우수영관광지

울돌목
(명량해협)

남해
(다도해)

18

해남군청

8
경기 성남 망경암 마애불

새로 건국된 대한제국의 번영을 기원하다

우리나라에서 역사가 짧은 나라 중 하나인 대한제국

세계 역사에서 수없이 많은 나라가 세워지고 아스라이 사라져 갔다. 우리나라도 마찬가지다. 세계에서 보기 드문 천년 사직을 유지한 신라가 있는가 하면 궁예가 세운 후고구려처럼 역사가 18년밖에 안 되는 나라도 있다. 근대사에서는 건국 후 약 13년 만에 일제의 식민지가 된 대한제국(1897~1910)이 있다. 19세기 말 고종이 왕이었던 조선에는 쇠락의 기운이 강하게 내려앉았다. 태조 이성계가 나라를 세운 지 약 500년이 지난 시점이었다. 청, 일본, 러시아, 영국 등 강대국의 틈바구니에 끼여 새우 신세가 된 조선은 나아갈 방향을 잃고 있었다. 고종은 국가 위기를 타개

망경암 경내_대웅전 옆 암벽이 칠성대이다.

하고 정국을 주도하고자 대한제국을 건국하고 자주 독립국임을 세계적으로 천명했다.

최근에는 대한제국이 선포된 10월 12일 전후로 서울 덕수궁을 중심으로 대한제국의 역사를 알리는 축제가 열리고 있다. 축제에서는 고종황제 즉위식과 대한제국 선포식, 환구단 제사 의식 등 대한제국의 역사가 재현되거나 관련 유적이 개방된다. 동시에 대한제국에 대한 부정적인 인식 대신 반외세, 반봉건, 근대화를 위한 노력을 인정하고자 하는 움직임도 크다. 서울 시내에서 멀리 떨어진 경기 성남의 망경암에도 대한제국과 관련된 마애불이 있다. 마애불은 대한제국, 대한제국의 황태자였던 영친왕과 같은 해에 태어난 동갑내기다. 마애불은 어려움 속에서 건국된 대한제국의 번성과 황실의 만수무강을 기원하고 있으니 찾아가 볼 만하지 않은가?

궁궐을 바라보는 성남의 망경암

망경암은 성남 시내의 나지막한 영장산 중턱에 있다. 넓은 경내에서 탁 트인 북쪽을 바라보면 조선 시대 궁궐이 있던 서울 시내가 훤하게 보인다. 서울[京]을 바라본다[望]고 해서 옛날부터 망경암望京庵으로 불렀다. 법 당 옆에 북쪽의 서울을 바라보는 거대 암벽이 있다. 조선 세종(제4대 임금) 의 일곱째 아들 평원대군과 예종(제8대 임금)의 둘째 아들 제안대군이 암 벽 앞에 단을 설치하고 향을 피웠다. 두 대군은 서울에 있는 임금의 무 병장수를 북두칠성에 비는 칠성제를 지냈다. 칠성제를 지낸 암벽은 칠 성대가 되었다. 그 후 가시덤불로 덮여 폐허가 된 망경암을 중수한 사 람은 이규승이었다. 이규승은 고종의 명을 받아 자식 없이 죽은 평안 대군과 제안대군의 제사를 받드는 사손祀孫으로 벼슬을 하게 되었다.

풍전등화 속에서 대한제국의 건국과 동시에 조성된 마애불

조선 후기의 조정에서는 주변 강대국의 야욕을 등에 업은 개화파와 보수파의 대립이 격화되었다. 그 와중에 청일전쟁(1894년)의 승리로 한반 도에서의 지배권을 강화하고 있던 일본에게 친러 정책을 쓰는 명성황 후는 눈엣가시였다. 결국 1895년 8월 일본은 일본 공사 미우라의 주동 으로 명성황후를 살해하는 만행을 저질렀다(을미사변).

일본의 감시가 강화되면서 불안을 느낀 고종은, 1896년 2월 경복궁 을 떠나 러시아 공관으로 거처를 옮겼다(아관파천). 아관파천으로 러시아가 세력을 확보하면서 친러내각이 들어서고 친일내각이 붕괴하였다. 러시아에서 벗어나라는 내외의 압력으로 고종은 1년 만인 1897년 2월에 경운궁(덕수궁)으로 돌아왔다. 이어서 고종은 국호를 대한제국, 왕을 황제, 왕비는 황후로 칭하면서 황제국이자 자주 독립국임을 선포했다. 8월에는 연호를 광무光武로 정했고 10월에는 환구단에서 하늘에 제사를 지냈다. 그리고 덕수궁에서 황제 즉위식을 가지면서 대한제국을 선포했으며 죽은 명성황후를 추존함과 동시에 황태자비를 책봉했다.

대한제국의 힘찬 출발을 알리는 광무 원년(1897)에 이규승은 나라의 번영을 기원하는 마애불을 망경암 암벽에 만들었다. 그리고 황제가 된 고종과 아들 순종, 순종비, 후궁인 귀비 장씨와 아들 의화군(의친왕), 귀비 엄씨와 아들(영친왕) 등 황실의 만수무강을 기원하였다. 2년 전에 죽은 명성황후의 극락왕생도 빌었다.

칠성대 암벽에는 모두 14개의 명문이 새겨져 있다.[28] 그중 한 개인 아래 명문은 황실의 만수무강을 기원하는 마애불의 조성 목적과 일치한다.

大韓帝國	대한제국
光武元年	광무원년
大皇帝陛下萬萬歲	대황제폐하(고종) 만만세
皇后陛下萬萬歲	황후폐하(명성황후) 만만세

---

28 홍대한, 「망경암 마애불상의 제작시기와 조성배경」, 『성남문화연구』 제21호(성남문화원, 2014.9), 32~33쪽.

암벽에 새겨진 명문_대한제국 황실의 만수무강을 기원하고 있다.

皇太子殿下千千歲	황태자전하(순종) 천천세
皇太子妃殿下千千歲	황태자비전하(순종비) 천천세
皇子義化君千歲	황자의화군(의친왕) 천세
君夫人千歲	군부인(귀비 장씨, 의친왕 어머니) 천세
皇子阿只氏千歲	황자아기씨(영친왕) 천세
貴人媽媽千歲	귀인마마(귀비 엄씨, 영친왕 어머니) 천세

조각미보다는 역사적 의미가 큰 마애불

암벽에는 위쪽 마애불을 중심으로 영장산의 산신과 북두칠성에 황실의 만수무강과 복을 기원하는 글이 새겨져 있다. 당시 대한제국의 관리였던 이규승과 많은 사람이 나라의 새 출발과 새 희망을 품었을 모습이 선하다.

마애불은 거대 암벽 위쪽의 조그만 감실 안에 앉아 있다. 북향의 암벽에는 거의 사계절 내내 그늘이 져 있어서 햇빛 있는 마애불 모습을 보기 어렵다. 대한제국의 운명을 알고 있어서 그런지 마애불에서는 쇠락의 느낌을 받는다.

조선에서 대한제국으로 나라 이름을 바꿔가면서까지 자주 독립국임을 선포했건만 나라는 여전히 위태로웠다. 대한제국은 주변 열강의

마애불_거대 암벽 위쪽의 감실 안에 앉아 있다.

거센 바람 속에서 언제 끊길지 모르는 연 같았다. 아직 부정적 평가가 많지만, 고종은 개혁 군주로서 근대화와 반외세를 위한 시대적 사명감을 가지고 있었다. 자주와 독립을 위해 노력했지만, 일본의 방해와 국력이 뒷받침되지 않아 큰 어려움을 겪었다. 1907년 6월 네덜란드 헤이그에서 열린 제2차 만국평화회의에 이준, 이상설, 이위종 등 3명의 특사가 파견되었다. 고종의 밀명으로 특사들은 일본이 대한제국의 외교권을 박탈한 을사늑약(1905년 11월 17일 체결)이 무효임을 세계에 알리고자 했다. 그러나 일본의 방해와 세계의 무관심으로 고종의 노력은 실패로 끝났다. 결국 고종은 강제 퇴위 당했고 1910년에 대한제국은 주권을 빼앗기고 일제의 식민지로 전락하고 말았다.

마애불과 동갑내기인 대한제국 마지막 황태자의 비극

역사적인 흐름 속에서 마애불과 관련된 인물로 영친왕(1897~1970, 본명이은)을 빼놓을 수 없다. 망경암 칠성대의 명문에서 황자아기씨皇子阿只氏로 불린 영친왕은 대한제국이 선포된 날로부터 8일 뒤인 10월 20일에 태어났다. 대한제국, 마애불과 같은 해에 고종의 일곱째 아들로 태어난 영친왕은 대한제국의 마지막 황태자였다. 약소국 황태자로서의 인생은 자신도 어찌할 수 없는 타인의 삶으로 점철되었다.

헤이그 특사 사건으로 고종 황제가 물러났다. 순종이 제2대 황제가 되었고 영친왕은 황태자로 임명되었다(1907년). 일본에 나라를 빼앗기지 않았다면 대한제국의 제3대 황제가 될 예정이었다. 그러나 황태자로 임명되면서 그의 비극적인 삶은 본격적으로 시작되었다. 황족 말살 정책을 펼치던 일제에 의해 영친왕은 원하지도 않은 일본 유학길에 올랐다. 부모였던 고종과 귀비 엄씨는 강하게 반대했지만, 그들에게는 힘이 없었다. 일본 육사를 나와 일본의 왕족 군인으로 살던 영친왕은, 자신의 의사와 상관없이 일본 왕족인 이방자 여사와 정략결혼을 했다. 해방 후에는 귀국 허락을 받지 못 해 일본에서 어렵게 지내다가 마침내 한국으로 돌아올 수 있었다. 그는 격동의 시대 속에서 파란만장한 운명을 살아야만 했다.

지금은 황제의 나라인 대한제국大韓帝國이 아니라 국민이 나라의 주인인 대한민국大韓民國의 시대가 되었다. 그러나 힘이 없으면 이권을 노리는 주변 열강 속에서 독립국의 지위는 사라지고 나라마저 잃어버릴 수 있다는 사실은 지금도 변함이 없다.

경기 성남 망경암 마애불

- ※ **소재지** 경기도 성남시 수정구 태평로55번길 72_영장산 중턱
- ※ **조성 연대** 대한제국 원년(1897)
- ※ **문화재 번호** 경기 유형문화재 제102호
- ※ **명문** 있음
- ※ **답사 난이도** ★★☆☆☆(다소 쉬움)
- ※ **아름다운 마애불을 볼 수 있는 시간** 해가 긴 6월의 오후 4시 30분~5시. 암벽이 북향이어서 다른 시간에는 햇빛 좋은 모습을 보기 어렵다.

···· 보충 내용 ····

덕수궁

덕수궁은 대한제국의 황궁이다. 고종은 덕수궁에서 대한제국을 선포하고 황제 즉위식을 가지면서 새롭게 출발했다. 그러나 덕수궁 중명전에서 을사늑약을 체결하면서 실질적인 대한제국의 사망 선고를 받았다. 덕수궁은 원래 조선의 제9대 왕 성종의 형인 월산대군과 후손이 살던 집이다. 임진왜란 때 서울의 대부분 궁궐이 불타버리자 피난에서 돌아온 선조가 임시 궁궐로 처음 사용했다.

그리고 광해군이 중건된 창덕궁으로 옮겨 가면서 경운궁으로 불리었다(1611년).

경운궁을 다시 궁궐로 사용한 왕이 고종이었다. 아관파천 후 러시아 공사관에서 경운궁으로 옮겨온 고종은 죽을 때까지 경운궁을 궁궐로 사용했다. 고종의 근대화 의지에 따라 석조전 등을 비롯해 많은 서양식 건물이 지어졌다. 고종의 뒤를 이은 순종이 창덕궁으로 옮겨가면서 경운궁을 덕수궁으로 불렀다. 기간은 짧았으나 덕수궁은 대한제국과 고종의 숨결이 남아있는 대표적인 곳이다.

구러시아 공사관과 정동교회

덕수궁 주변의 정동은 당시 열강의 외교관이나 선교사가 모여들면서 근대 문물을 수용하는 중심지가 되었다. 이런 흐름 속에 구러시아 공사관은 아관파천의 현장이 되었다. 또 우리나라 최초의 본격적인 개신교 건물인 정동교회가 광무 2년(1898)에 세워졌다.

환구단

환구단은 원래 천자가 하늘에 제사 지내던 둥근 모양의 3층 제단이었다. 황제국에만 있을 수 있다는 명분으로 조선 시대에 폐지와 설치가 반복되었다. 고종은 그 의미를 살리기 위해 다시 만들었다. 그리고 황제로 즉위하기 전 황제의 자격으로 하늘에 제사를 지냈다. 청나라와 주변 열강에, 새로 탄생하는 황제의 나라 대한제국이 자주 독립국임을 보여주는 상징으로 삼고자 했다. 환구단은 1913년 일제에 의해 없어지고 지금은 황궁우만

황궁우_환구단은 없어지고 3층 부속 건물인 황궁우만 남았다.

남았다. 황궁우는 하늘신의 위패를 모시던 팔각형 모양의 3층 부속 건물이다. 덕수궁 맞은편 조선호텔 옆에 있다(소재지: 서울특별시 중구 소공로 112).

덕혜옹주

영친왕보다 15년 늦게 태어난 덕혜옹주(1912~1989)도 영친왕과 같은 비극적인 삶을 살았다. 고종의 후궁이었던 복녕당 귀인 양씨에서 태어났기 때문에 공주가 아닌 옹주로 불리었다. 덕혜옹주는 고종이 환갑인 해에 태어나 고종의 사랑을 많이 받았다. 하지만 옹주는 일제에 의해 강제로 일본에 유학 보내져 고통 속에 살았다.

홍릉과 유릉

대한제국의 초대 황제였던 고종은 명성황후와 합장되어 홍릉에 묻혔다. 제2대 황제 순종과 순종의 황후들은 바로 옆 유릉에 합장되었다. 황제릉으로 만들어진 홍유릉은 기존 왕릉과 달리 능역제도에 변화가 있다. 영친왕을 비롯하여 덕혜옹주, 의친왕 등 대한제국 황실 가족의 묘도 함께 있다(소재지: 경기도 남양주시 홍유릉로 352ー1).

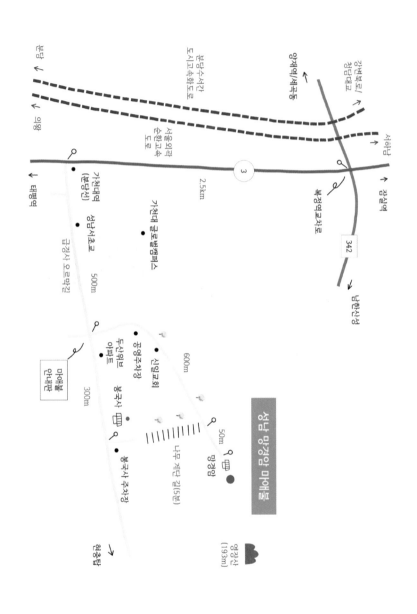

성남 망경암 마애불

영장산
(193m)

망경암

나무 계단 길(5분)

봉국사

봉국사 주차장

신일교회

공영주차장

두산위브
아파트

50m

600m

현충탑

300m

마애불
안내판

가천대 글로벌빌캠퍼스

성남서초교

금강사 오르막길

가천대역
(분당선)

500m

2.5km

서울외곽
순환도로

붐무수사거리
도시고속화도로

③

태평역

용인 →

금강

양재역/세곡동

복정역교차로

342

남한산성 →

강변북로/
청담대교

← 서하남

정실역
검암역 →

마애불에게
인생의 길을 묻다

경북 문경 봉암사
마애보살

인생에서 별이 된다는 것

인생에서 쉬워 보이지만 쉽지 않은 별이 되기란

귀밑머리가 희어지기 시작하면서 은퇴하는 친구들 수가 늘고 있다. 얼마 전 오랜만의 술자리에서 적지 않은 친구들을 만났는데 현역과 퇴역의 수가 반반이었다. 술이 거나해진 한 친구가 "이제까지 살아온 자신의 인생이 별인 줄 알았는데 퇴직하고 나서 보니 별 볼 일 없는 것 같다."라고 농담 삼아 넋두리하였다.

과연 인생에서 쉬운 듯하지만 쉽게 될 수 없는 별이란 무엇일까? 답은 경북 문경 봉암사의 지증대사탑비명에 쓰여 있는 최치원의 글에서 찾았다. 최치원(857~?)은 12세의 어린 나이에 당나라에 유학하여 18세에 당나라 과거에 급제한 인재였다. 25세에 당나라에서 벼슬을 할 때 난을 일으켰던 소금장수 황소에게 "천하 사람들이 모두 너를 죽여서 시체를 전시하려고 할 뿐만 아니라 지하 귀신들도 너를 몰래 죽이려고 이미 의논을 끝냈을 것이다"라는 「토황소격문討黃巢檄文」을 써서 황소의 간담을 서늘하게 만든 대문장가가 아니었던가? 다음은 「토황소격문」의 일부이다.

너는 듣지 못했느냐? 노자가 『도덕경』에 이르기를 "폭풍은 하루아침을 넘기지 못하고 소나기도 하루를 내리지 못한다. 하늘과 땅의 일도 오래가지 못하거늘 하물며 사람의 일이야 오죽하겠느냐?"고 했다.

또 듣지 못했느냐? 『춘추전』에 이르기를 "하늘이 나쁜 자를 그냥 놔두는 것은 복을 주려고 함이 아니라 그의 흉악함을 더하게 하여 벌을 내리게 하기 위해서다."라고 했다.

신라에 귀국한 최치원은 왕명으로 덕망 높은 고승의 비문을 다수 지었다. 특히 지증대사탑비(국보 제315호)의 글은 보령 성주사의 무염화상탑비(국보 제8호), 하동 쌍계사의 진감선사탑비(국보 제47호), 경주 초월산 대숭복사비의 글과 함께 사산비명의 하나이기도 하다. 사산비명四山碑銘은 네 군데[四] 산[山]의 비석[碑]에 새겨진 명문[銘]으로 최치원의 시문집인 『고운집』에서 선정된 것이다.

최치원이 글을 쓴 지증대사탑비.　　　한 개의 거대 암봉이 특이한 희양산과 봉암사 경내

지증대사가 죽어 하늘로 되돌아 올라간 별

　　지증대사탑비는 지증대사가 죽은 지 1년 후에 만들어졌다. 지증대사탑비에 새겨진 최치원의 글에서는 27세의 나이임에도 삶을 관조하는 생각의 깊이를 느낄 수 있다. 그래서 지증대사탑비에는 행동과 실천으로 보여준 지증대사의 신기하고 훌륭한 행적과 박식하고 인생의 깊이가 느껴지는 최치원의 글이 어우러져 있다. 최치원은 글에서 여섯 가지의 신기한 사실인 육이六異와 여섯 가지의 훌륭한 행적인 육시六是라는 특이한 형식으로 지증대사의 공덕을 기리고 있다.

　　지증대사(824~882)는 태어날 때부터 신기한 이적을 보여 주었다. 출가한 후에는 엄격하게 자신의 몸을 다스려가면서 수행 생활을 했다. 그가 세상을 하직했을 때는 종일 부는 바람이 골짜기에서 울부짖었고 쌓인 눈이 소나무를 부러뜨렸다. 달은 큰 바닷속으로 떨어졌다. 또 훌륭한 사람이 죽으면 별이 하늘에서 떨어지는 것과 달리 지증대사가 죽었을 때는 오히려 별이 하늘로 되돌아 올라갔다.

요즘은 돈을 많이 벌면 별이 된 것으로 생각한다. 명예와 권력, 인기를 조금만 얻어도 별이 된 것으로 생각한다. 별은 하루를 넘기지 못하는 폭풍이나 소나기 같은 돈, 명예, 권력, 지식으로만 살 수 있는 것이 아니다. 별은 밤하늘처럼 어두운 인생을 살아가는 사람들에게 인품으로 환한 빛을 밝혀 주는 길잡이다. 최치원은 '지증대사는 죽어서도 밤하늘로 되돌아가 밤을 밝히는 별이 되었다'고 보여주었다.

지증대사가 희양산에 창건한 봉암사

지증대사의 별 같은 행적과 최치원의 아름다운 글을 직접 느끼고 싶다면 사월 초파일을 이용할 수밖에 없다. 봉암사는 수행을 중심으로 해서 '부처님 오신 날'만 일반인에게 절을 개방하고 있다. 그래서 일 년을 벼르고 온 많은 사람에게 떠밀리다시피 절에 올랐다가 정신없이 내려온다.

희양산 중턱에 있는 봉암사는 통일신라 헌강왕 5년(879), 지증대사가 죽기 3년 전 창건되었다. 통일신라 말 지방에서 참선을 중시하는 선종이 아홉 개의 산을 중심으로 개창되었다. 그중 하나가 희양산에 창건된 봉암사를 중심으로 하는 희양산파였다. 경내로 들어서는 길 내내 하늘을 배경으로 우뚝 솟은 한 개의 거대 암봉인 희양산이 눈에 들어온다. 지증대사탑비의 글에 특이한 지형에 세운 봉암사 이야기가 있다. 봉암사

창건은 지증대사의 여섯 가지 훌륭한 행적인 육시六是 중 하나이다.

지방의 후원 세력이었을 심충이라는 사람이 지증대사에게 희양산 중턱의 땅을 희사하였다. 대사가 지혜에 넉넉하고 천문과 지리를 환히 들여다보며 학술이 정밀하다는 말을 들었기 때문이다. 지증대사는 지형이 병풍처럼 산에 둘러싸여 승려의 거처가 되지 않으면 도적의 소굴이 될 것이라 보고 봉암사를 세웠다.

밤하늘을 밝히는 별처럼 환한 마애보살의 아침 미소

백운대 계곡에는 이른 아침 한 시간 정도만 빛나는 마애불의 미소가 있어서 급하게 계곡을 따라 걸어 올라간다. 경내에서 10분 정도의 거리이다. 백운대에는 흰 구름이 떠 있는 하늘을 배경으로 넓은 반석과 계곡의 맑은 옥류가 어우러진 숨은 선경이 있다.

반석의 가장자리에 거대한 바위가 몇 개 있는데 그중 하나에 마애불이 있다. 기존의 신선 세계는 마애불로 인해 부처 세계로 바뀐 듯한 느낌을 준다. 게다가 넓은 반석의 가운데 부분을 두드리면 나는 목탁 소리는 부처 세계를 완성하는 방점이다. 그래서 몇몇 사람은 엎드려서 한쪽 귀를 반석에 대고 돌로 두드리고 있다. 백운대 계곡에서만 볼 수 있는 진풍경이다.

드디어 오전 8시. 아침 햇살이 들면서 마애불이 펼치는 백운대 계곡의 부처 세계가 빛나기 시작한다. 마애불 얼굴에도 환하고 밝은 미소가 퍼진다. 어두운 밤하늘을 밝히는 별처럼 환한 미소를 보는 순간 마음이 푸근해지고 편안해진다. 전날 근처의 민박집에서 하룻밤을 자고 아침에 일찍 온 보람을 느꼈다. 마애불은 보살로 표현되고 있다. 마애불이 부처

백운대 계곡_넓은 반석의 끝에 마애보살이 있다.

아름다운 마애불 모습_이른 아침 햇살에 미소가 밝게 빛난다.

인지 보살인지는 다소 의견 차이가 있다. 입고 있는 옷이나 보관을 쓰고 있지 않은 머리와 얼굴 등으로 볼 때 두 손에 연꽃 가지를 들고 있는 부처의 모습이다. 얼굴은 돋을새김으로 새겨서 입체감이 좋다. 또 얼굴과 몸 주변에서 나오는 빛을 표현한 광배에 불꽃무늬까지 새겨서 위대한 권능을 보여준다.

경내의 이곳저곳을 돌다 보면 금세 배가 고파진다. 절에서는 점심시간에 밥과 떡을 준다. 금강산도 식후경이다. 경내에 줄이 길게 늘어섰다. 복이 담긴 떡과 밥을 먹고자 하는 사람에게 기다림은 지루하지 않아 보인다. 그런데 조용히 들리는 한 젊은 스님의 말씀이 귓가에 머문다. "사람이 많이 와서 점심 공양 밥 지을 쌀이 부족한데 큰일났습니데이."

경북 문경 봉암사 마애보살

※ **소재지** 경상북도 문경시 가은읍 원북길 313_희양산 중턱
※ **조성 연대** 여말선초
※ **문화재 번호** 경북 유형문화재 제121호
※ **명문** 없음
※ **답사 난이도** ★★★☆☆(무난함)
※ **아름다운 마애불을 볼 수 있는 시간** 5월 중순쯤의 사월 초파일을 기준으로 할 때 오전 8시~9시. 바위가 북동향이어서 다른 시간에는 그늘 속에 묻힌다.

···· 보충내용 ·····

지증대사탑비
거북 모양의 받침돌인 귀부와 비신, 비신의 머릿돌인 이수가 남아 있다. 귀부는 조각적인 측면에서 볼 때 세련미가 뛰어나고 네 발의 발톱마저도 사실적이다. 비신의 문장은 최치원이, 글은 분황사의 83세 노스님이었던 혜강스님이 썼다. 비에는 지증대사의 행적 외에도 통일신라 말 불교의 선종 역사와 제도, 풍속, 인명, 지명 등 많은 내용이 담겨 있다. 그래서 통일신라 말의 문화사 연구에 중요한 사료로서 가치가 높다. 지증대사탑비는 보물이었다가 2010년 1월에 국보 제315호로 승격되었다.

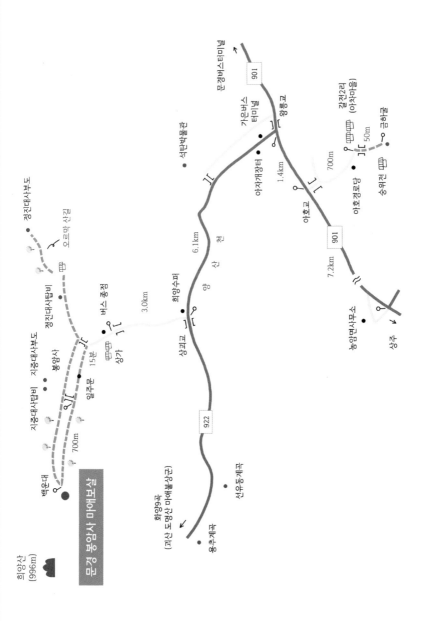

희양산
(996m)

정진대사부도

지증대사탑비

지증대사부도

오르막 산길

정진대사탑비

지증대사부도

봉암사

백운대

일주문

15분

700m

상가

버스 종점

3.0km

희양수피

상괴교

양 산 천

6.1km

922

희양구
(괴산 도명산 마애불상군)

선유동계곡

용추계곡

서탄박물관

가은버스
터미널

아자개장터

1.4km

앙륭교

901

아흥교

700m

갈전2리
(아차마을)

금하굴

50m

아흥정로당

승위전

901

7.2km

농암면사무소

상주

문경 봉암사 마애보살

2

서울 학도암
마애보살

인연

만남의 시작에 있는 인연

한 사람의 인생은 영화 필름 슬라이드보다 더 얇은 시간과 공간 속에서 만나는 많은 사람이 모여 3차원으로 구성된다고 생각한다. 무한히 얇은 슬라이드지만 그때, 그 공간에서, 누구와 어떤 사건을 만나느냐에 따라 삶은 큰 영향을 받는다. 만남의 시작에 인연이 있다. 어떤 사람은 좋은 인연을 유지하기도 하고 어떤 사람은 악연에 끌려 다니기도 한다. 그러다가 상대방이 죽고 나서야 악연의 사슬을 풀고 화해하기도 한다.

서울의 북쪽 끝 불암산에 과거 역사 속 기묘한 두 사람의 인연이 머물고 있다. 조선 말 명성황후와 한때 그녀의 상궁이었던 귀비 엄씨다. 상궁에서 귀비가 된 엄씨는 명성황후가 죽은 후 황귀비까지 올랐고 대한제국의 마지막 황태자인 영친왕을 아들로 두었다. 불암산을 끼고 서울의 중계동 학도암에는 명성황후가 조성한 마애불이, 경기도 남양주쪽 불암사에는 명성황후의 명복을 빌기 위해 귀비 엄씨가 시주하여 만든 불화가 있다. 잘못된 만남으로 시작하여 명성황후가 죽고 나서야 끝난 두 사람의 살아생전 인연은 어떠했을까?

화폭 같은 거대 바위에 아름다운 불화처럼 새겨진 마애보살

서울의 중계동에서 출발하면 거대 암봉 바로 아래 산속에 아늑하게 안긴 학도암이 있다. 법당 뒤, 계단 길의 끝에 마애보살이 있다. 거대바위에 약 13m 높이로 꽉 차게 새겨진 마애보살은 보는 사람을 압도한다. 주변에도 몇 개의 큰 바위가 있는데 어떤 바위에는 굴을 파서 석굴법당을 만들었다. 마애보살은 그중에서 가장 크고 높은 바위에 조성되었다. 마애보살은 바위에 새겼지만, 선이 날아가듯 가볍고 부드럽다. 화폭처럼 거대한 바위에 그려진 불화 같다. 화불이 있는 보관과 머리 위의 풍부하고 세련된 장식, 손목의 팔찌 등은 화려한 패션 양식을 보여준다. 전체적인 신체 비례도 좋다. 서울에서 볼 수 있는 화려하고 아름다운 마애불 중 하나임이 틀림없다.

정면에서 보면 바위의 왼쪽 측면 아래에 명문이 있다. 명문의 내용을 밝힌 연구에 따르면 명문에는 금어金魚 장엽과 5명의 석수石手 이름 외에 증명證明, 송주誦呪, 지전持殿, 도감都監, 화주化主, 별좌別座 등 마애보

학도암 전경_불암산 거대 암봉 아래 산속에 묻혀 있다.

살 조성에 직·간접적으로 참여한 스님 이름이 열거되어 있다.[29] 마애불에 조성 연도, 목적, 시주자 이름 등이 적혀 있는 경우가 있다. 하지만 제작자 명단을 함께 기록한 형식에서 볼 때 불화의 화기畵記와 닮았다.

명단에서 금어金魚는 불화를 그리는 스님에 대한 호칭이다. 조선 후기 19세기 말에는 불교예술 사업의 하나로 전국적으로 많은 불화가 만들어지면서 많은 화승이 등장했다. 마애보살의 명문에서 금어로 불린 장엽 스님은 화승 중 한 사람이었다. 마애보살은 금어가 그린 밑그림을 따라 석수들이 섬세하게 바위를 쪼는 기법으로 완성했으며 그림을 그리듯이 경쾌해 불화를 닮았다.

---

29 이경화, 「서울 '학도암 마애관음보살좌상' 연구」, 『미술사연구』 통권 제16호(홍익미술사연구회, 2002.12), 167쪽.

마애보살상_거대 바위에 새겼지만 날아갈 듯 가벼워 보인다.

화려한 관음보살상 뒤에 숨은 명성황후의 어려움

아름다운 마애보살상을 조성한 사람은 누구였을까? 마애보살상의
눈길을 따라가 본다. 마애불이 바라보는 방향은 대체로 마애불의 은덕
을 바라는 조성자의 거주지와 관련 있기 때문이다. 보살상의 시선은 바
로 앞 중계동을 지나 저 멀리 서울 시내를 내려다보고 있다. 보일 듯 말
듯 한 서울의 궁궐에 시선이 머문다.

당시 남양주 봉선사의 말사였던 학도암에 관한 기록이『봉선본말사
지奉先本末寺誌』에 있다. 기록에 따르면 마애불은 명성황후의 시주로 조

선 고종 9년(1872)에 조성되었다. 그래서 궁궐을 바라보고 있으면서 왕실의 권위를 나타내기 좋은 거대 바위를 선택한 것이다. 그렇다면 명성황후는 왜 보살상을 조성했던 것일까? 거대한 크기만큼 큰 어려움이 마애보살 뒤에 숨어 있던 것은 아닐까? 바위의 보살상은 관음보살이다. 관음보살은 대개 현재의 어려움을 해결해 달라는 염원으로 조성되었는데, 명성황후가 겪었을 현실적인 어려움은 무엇이었을까? 마애보살은 명성황후가 왕비로 궁에 들어온 지 6년 후에 만들어졌다. 아마도 6년 사이의 사건이 마애보살의 조성 계기가 됐을 것이다.

고종 3년(1866) 16세였던 명성황후가 고종의 비妃로 간택되었다. 고종은 명성황후보다 한 살 어린 15세였다. 왕실에 들어온 그녀에게는 모든 것이 낯설고 힘들었다. 좋아하던 궁녀가 있던 고종은 명성황후와 거리를 두었고 시아버지인 흥선 대원군은 국정을 장악하고 있었다. 명성황후가 궁에 들어온 지 2년 후에는 고종이 좋아하던 궁녀가 아들(완화군)을 낳았다(1868년). 대원군이 손자를 좋아하고 왕세자로 삼으려고 하였으나 명성황후가 반대하면서 서로 사이가 나빠졌다. 게다가 명성황후는 기다리던 첫아들을 낳았으나 갓난아이의 항문이 막혀 5일 만에 죽어버렸다(1871년). 그녀는 죽은 아기의 명복을 빌기 위해 1년 후 마애불을 조성했을 것이다(1872년). 그리고 왕위를 이을 아들을 염원하면서 동시에 시아버지와의 권력 다툼에서 이기게 해 달라고 빌었을지도 모른다.

마애불 조성으로 명성황후의 염원은 이루어진 듯했다. 마애불 조성 1년 만에(1873년) 대원군은 10년간 해오던 섭정에서 물러났다. 대원군이 벌인 경복궁 중건 사업 등의 실정과 22세가 된 고종이 직접 국정을 운영

마애보살 명문_바위 옆에 있는데 불화의 화기처럼 새겨졌다.

할 수 있다는 이유 때문이었다. 마애불 조성 2년 후(1874년)에는 염원했던 아들(순종)도 얻었고, 이듬해 2월에 왕세자로 책봉되었다. 그러나 외세의 힘을 빌려 대원군과 오랜 시간 권력 다툼을 벌이던 명성황후는 일본인에 의해 살해되었다(을미사변, 1895년). 마애보살을 조성한 지 23년이 지난 시점이었다.

죽은 명성황후의 극락왕생을 불화로 기원한 귀비 엄씨

학도암에서 산 너머 반대편 중턱에 있는 불암사에는 명성황후와 관련된 불화가 있다. 불화는 조선 후기에 유행한 석가불, 약사불, 아미타불의 삼세불을 그린 것으로 명성황후가 죽은 지 3개월 후에 만들어졌다. 불화는 고종과 순종, 순종의 비, 흥선대원군 등 왕실의 만수무강을 기원하고 죽은 명성황후의 극락왕생을 소원하고 있다.[30]

고종의 명으로 불화를 만들 수 있도록 불암사에 시주한 사람은 상

---

30 고승희, 「금곡당 영환 작 천보산 불암사 괘불도 연구」, 『강좌미술사』 제44호(한국미술사연구소, 2015.6), 190쪽.

고종3년 (1866)	1871	1872	1873	1874	1878	1895	1897
명성황후 왕비로 입궁	첫아들 출산후 사망		대원군 퇴진	아들(순종) 탄생		명성황후 피살 (을미사변)	대한제국 건국
		학도암 마애보살 조성			학도암 중창		
						불암사 불화 제작	성남 망경암 마애불 조성

궁 엄씨와 상궁 강씨였다. 특히 상궁 엄씨는 어려서부터 명성황후를 바로 옆에서 모시던 시위侍衛 상궁으로 명성황후와 인연을 맺었다. 고종의 총애를 받는다는 사실을 알게 된 명성황후에 의해 죽을 뻔했으나 고종의 만류로 궁 밖으로 쫓겨나면서 목숨을 건졌다(1885년).

상궁 엄씨는 명성황후가 죽은 지 5일 만에 일제의 독살을 두려워하던 고종의 부름으로 궁궐로 들어왔다. 궁 밖으로 쫓겨난 지 10년 만이었다. 명성황후의 극락왕생을 기원하는 괘불도를 시주하면서 그녀에 대한 엄씨의 원망은 연민으로 바뀌지 않았을까? 그리고 권력도 죽으면 다부질없는 것이라는 걸 느끼지 않았을까?

배려하며 노력하면 좋은 인연이 만들어지고

엄씨는 명성황후의 미움을 받고 궁 밖으로 쫓겨났지만, 상궁일 때 명성황후 옆에서 지략을 구사하는 방법, 타이밍 결정 등을 보고 배우지 않았을까? 명성황후와의 인연이 황귀비가 된 엄씨의 인생에 큰 도움이 되지 않았을까? 선천적으로도 총명했겠지만 어쩌면 명성황후와의 인연에서 얻은 좋은 결과일지도 모른다. 귀비 엄씨의 지략은 을미사변 후 고종의 아관파천(1896년)에서 빛났다. 그녀는 자신과 시녀가 타고 다니던 두 대의 가마에 고종과 순종을 나눠 태워 일제의 감시망을 뚫고 경복궁에서 러시아 공관으로 탈출시켰다.[31]

아관파천 1년 후 대한제국이 건국된 해(1897년)에는 황자인 영친왕을 낳았다. 엄씨는 후궁이었지만 고종 옆에서 죽은 황후의 역할을 대신하였다. 그리고 1903년에는 황귀비가 되었다. 황후는 될 수 없었지만 귀비로서는 최고의 자리에 올라 순헌황귀비로 불리었다. 상궁 엄씨의 입장에서 명성황후와의 인연은 나쁜 인연이지만 어찌 보면 결과적으로는 좋은 인연이었다.

사람들은 다른 사람과의 관계에서 결과가 좋으면 좋은 인연, 나쁘면 악연이라고 말한다. 좋은 인연은 두 사람이 서로 조심하고 배려하면서 노력하는 가운데 생기는 법이다. 이를 알면서도 실행에 옮기지 못하면 악연이 되기 쉽다. 마애보살 앞에는 곧 다가올 사월 초파일을 위해 엮어 놓은 색색의 연등이 걸려 있다. 사람들이 연등을 달아 부처님의 공덕을 찬양하면서 집안의 무병장수와 평안을 기원하기 위한 것이었다. 나도 사람들 눈에 보이지 않는 마음의 연등 한 개를 마애보살 앞에 걸어 두었다. 그리고 불암산에 머문 명성황후와 귀비 엄씨 두 여인이 다시 만난다면 좋은 인연이 되길 빌었다. 마애보살 앞에서 바라보는 트인 전경에 가

---

31 유종문, 『이야기로 풀어쓴 조선왕조실록』(아이템북스, 2013), 510~513쪽.

습이 뻥 뚫리고 시원해졌다. 세상사 갈등으로 인해 생긴 잡다한 감정이 잠시나마 정리되고 잊히는 순간이었다.

서울 학도암 마애보살

✖ **소재지** 서울특별시 노원구 중계로14다길 89_불암산 중턱

✖ **조성 연대** 조선 고종 9년(1872)

✖ **문화재 번호** 서울 유형문화재 제124호

✖ **명문** 있음

✖ **답사 난이도** ★☆☆☆☆(쉬움)

✖ **아름다운 마애불을 볼 수 있는 시간** 오후 중. 바위가 남서향이어서 오전 11시~정오에 좀 더 선명한 모습을 볼 수 있다.

⋯⋯ 보충내용 ⋯⋯

불화를 그리는 스님이 금어로 불리게 된 유래

금어金魚는 말 그대로 '금빛이 나는 물고기'로 극락세계의 연못에 산다고 한다. 확실하지는 않지만, 화승이 금어로 불린 유래에 관해 다음과 같은 이야기가 있다. 어느 날 부처님이 극락세계의 연못에 금어가 없는 것을 보았다. 그래서 현세에 누군가 금어를 그려준다면 죽었을 때 내세에 금어로 환생시켜 주겠다고 했다. 금어는 금빛 물고기를 그린 화승이라는 의미를 담고 있다.

성남 망경암 마애불

19세기 말 조선은 강대국의 틈바구니에 끼인 새우 신세가 되어 나아갈 방향을 잃고 있었다. 그래서 고종은 광무 원년(1897)에 국가 위기를 타개하고 정국을 주도하고자 대한제국을 건국하고 자주 독립국임을 천명하였다. 같은 시기에 대한제국의 관리였던 이규승이 성남의 망경암에 마애불을 조성했다. 왕실의 만수무강과 명성황후의 극락왕생을 기원한 불암사의 괘불도와 같은 목적이다(소재지: 경기도 성남시 수정구 태평로55번길 72).

206

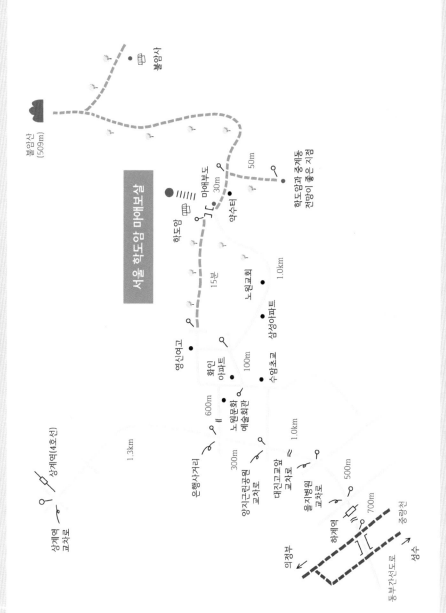

불암산
(509m)

불암사

서울 학도암 마애보살

학도암

마애부도
30m

약수터

학도암과 중계동
전망이 좋은 지점

50m

15분

영신여고

노원교회

1.0km

화인
아파트

삼성아파트

100m

수암초교

600m

노원문화
예술회관

1.3km

은행사거리

300m

양지근린공원
교차로

1.0km

대진고교앞
교차로

의정부

을지병원
교차로

500m

하계역

700m

중랑천

성수

동부간선도로

상계역(4호선)

상계역
교차로

3

충북 진천 태화4년명
마애불

모든 것은 마음먹기에 달렸다

마애불 가는 길은 누군가에게는 마음을 치유하러 가는 길

    기승을 부리던 꽃샘추위가 지나가면서 성급한 봄맞이로 몸이 근질
거리기 시작하였다. 해가 길어져서 다닐 수 있는 시간도 많아진 데다 따
스해지는 봄 햇살의 유혹을 뿌리칠 수 없었다. 진천에 있는 마애불 네
개를 둘러볼 생각으로 아침 일찍 차를 몰고 나섰다. 마애불은 멀지 않은
지역에 모여 있고 햇빛 좋은 마애불을 볼 수 있는 시간도 오전과 오후로
나누어져 여유가 있었다. 마애불 중에서 특히 태화4년명 마애불은 이
번이 두 번째 답사였다. 차로 가는 김에 한 번 더 본다는 의미도 있었지
만 태화4년명 마애불에는 특별한 사연이 있었다.

208

몇 년 전이었다. 내 블로그를 보고 청주에 산다는 30대 초반의 남자가 전화번호를 적어 놓고 꼭 전화해 달라는 댓글을 달아 놓았다. '내가 도와줄 수 있는 게 있을까?'라는 의구심을 가지고 연락하였다. 당시 그는 건강이 안 좋고 아내와의 관계도 좋지 못하는 등 개인적인 문제가 많다고 하였다. 게다가 실직까지 당해서 힘든 시기를 보내고 있다고. 언젠가 갔던 마애불에 빌면 모든 상황이 좋아질 것 같은데 위치를 몰라서 찾는 것을 도와 달라고 했다. 나는 청주와 충주 중심으로만 추측하던 그에게 진천의 태화4년명 마애불일 가능성이 크다고 알려 주었다. 1여 년 후, 그에게 다시 연락이 왔다. 내가 가르쳐 준 마애불이 그가 찾던 것이 맞으며 마애불에게 기도한 후 건강이 좋아졌고 상황도 좋아지고 있다고 하였다. 그는 전화를 끊으면서 고맙다는 감사의 인사도 잊지 않았다.

일체유심조—一切唯心造, 모든 것은 마음먹기에 달렸다

마애불은 누군가에게는 종교적인 경배 대상이고 누군가에게는 답사하면서 관람하는 예술 작품일 수 있다. 앞서 언급한 젊은이에게 마애불은 자신의 바람을 들어주는 경배 대상이다. 그의 바람이 이루어진 것은 타이밍이 잘 맞았거나 간절히 무언가를 갈구하던 그가 마음을 비웠기 때문일 수도 있다. 아니면 진짜로 마애불이 그 소원을 들어주었을지도 모른다. 그래서 어리석은 짓인 줄 알면서도 나는 마애불에게 무언가 특별한 것이 있는지 직접 확인하고 싶었다.

넓은 진천평야를 지나 증평으로 넘어가는 오르막 고갯길로 올라

마애불 전경_진천에서 음성으로 넘어가는 부처당 고갯길의 암벽에 있다.

보호각 속 희미한 모습의 마애불_얼굴과 목은 훼손되고 없다.

명문_태화4년 경술 3월, 미륵불로 조성
되었다는 내용이다.

섰다. 고갯길 중간의 길옆 암벽에 마애불이 새겨져 있다. 마애불로 인해 고개는 부처당이라는 이름을 얻었다. 더 이상의 훼손을 막기 위해 보호각을 세웠지만, 그늘 속에 묻혀 있는 마애불은 자세히 보기 어렵다. 그래도 몸 주변으로 배 모양의 광배를 얕게 파서 돋을새김으로 새긴 마애불의 형체는 확인할 수 있다. 아쉽게도 얼굴과 목은 훼손되고 없지만, 연꽃 대좌 위에 서 있는 마애불의 전체적인 신체 비례감은 좋다.

다시 봐도 보호각이 세워진 것 빼고 상황은 이전과 달라진 게 없었다. 마모와 훼손으로 얼굴조차 알기 어려운 마애불이어서 '과연 사람들의 염원을 받아줄 권능이라도 있을까?'하는 의구심이 들었다. 그리고 마애불 앞 공간은 좁고 바로 옆으로는 고갯길을 쌩쌩 달리는 차들의 방해가 심할 정도로 주변 환경은 좋지 못했다. 명문에는 '태화4년인 통일신라 흥덕왕 5년(830)에 조성되었다[32]'는 기록이 있다. 마애불은 명문을 근거로 문화재적 가치로만 인식되기 쉬웠다. 그런데 청주의 청년은 부처님에게 빌고 힘든 순간을 이겨냈다. 마애불을 보면서 자신이 원하는 것을 절박하게 기원했을 그를 생각했다. 순간 내 머리를 스쳐 지나가는 것이 있었다. "일체유심조一切唯心造! 모든 것은 마음먹기에 달렸다." 태화4년명 마애불이 누군가에게는 문화재일 뿐이지만, 청년에게는 경배의 대상이었다.

고갯길에서 미래의 희망을 전해주던 마애불

태화4년명 마애불이 있는 고갯길은 진천과 증평을 이어준다. 산을

---

32 박성상, 「진천 태화4년명 마애미륵불입상 소고」, 『문화사학』, 제16호(한국문화사학회, 2001.12), 159쪽.

잘라 만든 도로에 지금은 차만 달리고 있지만, 옛날에는 많은 사람이 고갯길을 넘었을 것이다. 고갯길에 마애불이 처음 만들어졌을 때 많은 사람이 부처님에게 가족의 건강과 안녕, 자신의 무사 통행을 기원했다. 조그맣지만 인상 좋은 얼굴과 염원을 잘 들어준다고 소문이 나서 고갯길 나그네에게 인기가 좋았을지 모른다.

마애불이 세워진 지 70년 후에는 통일신라의 쇠락 속에 후삼국 시대가 시작되었다. 특히 왕건과 견훤이 자주 충돌했던 청주와 진천, 증평 등 지역 사람들의 고통도 후삼국 시대의 시작과 함께 커졌을 것이다. 암벽 옆 명문에서 알 수 있는 마애불은 미륵불이다. 미륵불은 어려운 세상에 사는 사람에게 새로운 세상에 대한 희망을 전해준다. 통일신라 말기의 혼란 속에 조성된 미륵불은 이어서 닥쳐온 후삼국의 통일 전쟁 중에 있는 사람에게 희망을 주었을지도 모른다. 그러나 부처님의 도움이 절실한 사람에게는 미륵불이든, 석가불이든 그게 무슨 상관이 있을까? 사람의 왕래가 없는 고갯길에, 조그맣게 새겨진, 이웃집 아저씨 같은 부처님이지만 사람들이 염원했던 좋은 결과는 마음먹기에 달린 것은 아닐까?

충북 진천 태화4년명 마애불
- ✕ **소재지** 충청도 진천군 초평면 용정리 산9−27_부처당고개 중턱
- ✕ **조성 연대** 통일신라 흥덕왕 5년(830)
- ✕ **문화재 번호** 충북 유형문화재 제91호
- ✕ **명문** 있음
- ✕ **답사 난이도** ★☆☆☆☆(쉬움)
- ✕ **아름다운 마애불을 볼 수 있는 시간** 보호각 안에 있어 종일 그늘 속에 있다.

보충내용

진천 사곡리 마애불

마애불은 이월면의 사지마을 뒤편, 사자산 8부 능선에 있는 거대 암벽에 새겨져 있다. 울퉁불퉁한 암벽 면을 다듬어서 높은 돋을새김으로 만들었다. 그래서인지 마애불은 입체감이 좋고 감실에 있는 느낌을 준다. 도식적인 옷 주름이나 거대화 측면에서는 고려 시대 마애불의 특성을 보이지만 지방 석공의 솜씨치고는 꽤 괜찮다. 눈과 직접 맞닿는 하부의 손은 신체에 비해 비정상적으로 커 보인다. 아래에서 위로 올려다보는 원근법을 적용하여 아래는 크게, 위쪽 상체나 얼굴은 작게 만들고자 한 것으로 보인다. 그런 관점에서 보면 전체적인 균형감도 좋다.

마애불은 산 아래 들판을 바라보고 있다. 그래서 마을의 풍년과 행복 수호자로 조성되었을 것으로 보이는데 높이가 6.9m나 되는 거대 마애불이라 조성자가 누군지 궁금하다. 동북향의 마애불에는 종일 그늘이 져 있다. 마애불로 오르는 산길 중간에 김유신 장군이 무술을 연마하면서 바위를 두 동강 내었다는 단석斷石이 있다. 또 마애불 옆 큰 동굴은 김유신이 어렸을 때 공부했다는 전설이 전해오는 장수굴이다. 김유신 장군이 태어난 진천이라 그런지 경주의 단석산과 같은 전설이 전해진다(소재지: 충청북도 진천군 이월면 사곡리 산68—1).

진천 노원리 마애불

진천 사곡리 마애불. 진천 노원리 마애불.

서원마을 뒷산 중턱의 장수바위골로 불리는 골짜기에 있다. 마애불 앞에 올라서면 마애불은 둥근 얼굴로 해님처럼 웃으면서 반겨준다. 배 모양의 바위에 선각으로 새겨진 마애불은 기존의 마애불 조성 양식이나 기준에 크게 구애받지 않았다. 얼핏 보아도 큰 얼굴에 웅크린 어깨,

비정상적으로 조그만 두 팔과 두 손 등 전체적인 균형감이 부족해 보인다. 머리 주변의 둥근 광배에서는 기하학적 느낌도 든다. 통견의 옷이나 옷 주름도 기존의 틀을 벗어나 형식적이다. 옆으로 길게 째진 눈, 좁고 빈약한 코, 아주 작은 입 등 못생긴 얼굴에서는 토속미가 물씬 묻어난다. 어떤 장수의 얼굴을 새긴 것이라 전하는데 고려 시대에 조성된 것으로 보고 있다. 마애불은 마을의 넓은 들판을 내려다보고 있다. 동남향의 마애불에는 오전 중에 햇빛이 들며 오전 11시 30분~12시쯤 좀 더 선명한 모습을 볼 수 있다(소재지: 충청북도 진천군 이월면 노원리 산39—2).

진천 산수리 마애불

마애불은 성림사라는 절 안에서 미호천이 흐르는 곡창지대를 바라보고 있다. 미호천은 진천의 젖줄이다. 마애불은 극락전 뒤로 길게 이어진 조그만 바위 무리 중 맨 앞 바위에 새겨져 있다. 바위를 깊게 파내어 높은 돋을새김으로 새겨진 마애불은 입체감이 매우 좋다. 불꽃이 활활 타오르는 두광과 신광의 무늬를 배경으로 두광에는 조그만 화불 세 개도 새겨 놓았다. 그러나 조각 솜씨와는 대조적으로 하체는 조각하지 않았다. 또 상체에는 가슴이 V자 모양으로 파진 통견의 옷, 팔과 소매의 옷 주름만 형식적으로 표현되었을 뿐 세부 표현이 생략되어 있다. 마애불은 고려 시대에 만들어진 것으로 추정한다(소재지: 충청북도 진천군 덕산면 인화길 83).

|찾아가는 길|

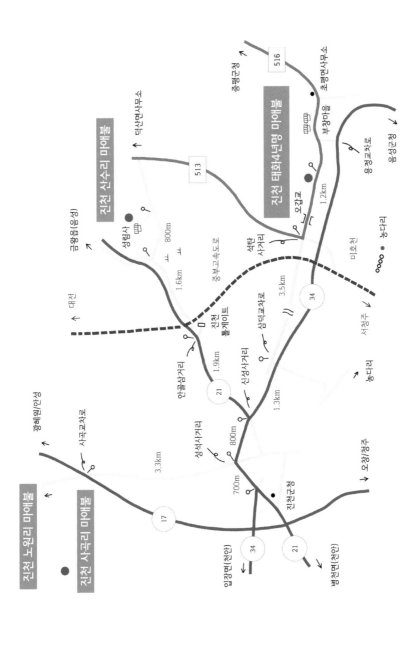

진천 산수리 마애불

진천 태화4년명 마애불

진천 노원리 마애불

진천 사곡리 마애불

덕산면사무소

금왕읍(음성)

중평군청

초평면사무소

부창마을

음성군청

용정교차로

513

516

성림사

800m

오갑교

1.2km

석탄
사거리

1.6km

중부고속도로

대전

미호천

농다리

진천
톨게이트

성덕교차로

3.5km

서청주

34

안골삼거리

1.9km

신성사거리

농다리

21

800m

1.3km

성석사거리

광혜원(안성)

사곡교차로

700m

오창/청주

3.3km

진천군청

17

일죽면(천안)

34

병천면(천안)

21

4

경북 경주 남산 오산골
마애불

큰 바위 얼굴의 의미

우리나라 마애불에서 찾아본 큰 바위 얼굴

최근에 『큰 바위 얼굴』이라는 책을 다시 읽게 되었다. 아주 오래전 국민학생이었을 때 읽었던 적이 있다. 단편이라서 읽는데 시간은 얼마 걸리지 않았으나 여운이 오랫동안 가슴에 남았다. 글자로만 이해했던 어린 시절보다 나이가 든 만큼 더 많은 사회생활을 했기 때문이다.

『큰 바위 얼굴』을 읽고 우리나라 마애불 중에도 큰 바위 얼굴이 있을 것 같아 찾아보았다. 우리나라의 많은 마애불 중에서 특히 경기 파주의 용미리에 있는 마애불과 경주 남산 오산골에 있는 마애불 두 개가 큰 바위 얼굴 후보로 오를 만했다. 파주 용미리 마애불은 두 개의 얼굴

경기도 파주 용미리 마애불_큰 바위 얼굴 후보 중의 하나이다.

이 별도의 큰 바위에 만들어져 몸체의 거대 바위에 얹혔다. 멀리서도 야산 중턱의 숲 사이로 내민 두 개의 큰 바위 얼굴이 보인다. 바로 앞길을 통행하던 사람들은 두 얼굴에서 행복과 안전을 지켜 주리라는 신뢰를 느꼈을 것이다. 경주 남산의 오산골 마애불은 더 유력한 큰 바위 얼굴 후보이다. 오산골 마애불이 파주 용미리 마애불보다 얼굴 크기는 작지만 외모나 느낌에서 큰 바위 얼굴에 더 가깝다고 생각한다.

경주 남산의 큰 바위 얼굴로 불리는 오산골 마애불

마애불을 찾아 나선 4월 초, 경주 남산의 오산골에는 이미 봄이 꽉 차 있었다. 계곡 내 징검다리를 건너서 좁은 산길을 따라 100m 정도 오르니 암반과 낮은 바위 무리가 있었다. 마애불이 새겨진 바위는 푸른 하늘을 배경으로 주변에 막힌 것 없이 홀로 우뚝 솟아 있었다. 오후 4시 30분, 바위에 햇빛이 들면서 큰 바위 얼굴이 그늘 속에서 모습을 드러내었다.

경주 남산 오산골의 마애불 전경.

오산골 마애불의 얼굴_투박하지만 편안함을 준다.

얼굴에는 거친 바위 표면에 투박하게 다듬어졌을 처음 느낌이 그대로 살아 있었다. 퉁퉁 부은 눈덩이에 살짝 처진 눈, 뭉툭하면서 넓적한 코, 두툼한 입술 등 토속적인 얼굴에 퍼지는 편안한 미소는 마치 산할아버지 같았다. 머리와 얼굴을 제외하면 전체적으로 어깨만 틀이 잡혔을 뿐 몸은 조각되지 않았다. 그래서 얼굴만 크게 두드러져 큰 바위 얼굴로 불릴 만했다.

투박하지만 보는 사람에게 편안함을 주는 큰 바위 얼굴은 계곡의 야산 중턱에서 바로 앞 산길을 내려다보고 있다. 산길은 조금 힘들지만 울산의 언양이나 부산으로 가기 위해 질러가는 지름길이었다. 사람들이 지름길을 지나가면서 큰 바위 얼굴에 무사 통행과 행복을 기원했을 것이다. 오후 5시가 지나자 갈 길 바쁜 석양이 바위에 흩뿌린 빛을 거두기 시작했다. 어쩌다 찾아와 준 나그네에 대한 큰 바위 얼굴의 반가움도 30분 만에 그늘 속으로 묻히기 시작했다.

오산골 마애불에서 느끼는 큰 바위 얼굴의 의미

『큰 바위 얼굴』의 주인공인 어린 어니스트는 산속 통나무집에서 엄마와 함께 살고 있었다. 엄마에게 주변 계곡의 장엄하고 숭고한 큰 바위 얼굴을 닮은 훌륭한 사람이 언젠가 나타난다는 전설을 듣고 어니스트는 평생을 기다린다. 부자, 위대한 장군, 말 잘하는 정치인, 글 잘 쓰는 시인 등 모두 어니스트가 기다리던 사람이 아니었다. 오히려 마지막에 만난 유명한 시인이 어니스트를 보고 큰 바위 얼굴을 닮았다고 외쳤다. 평생을 기다려 온 큰 바위 얼굴의 주인공은 어니스트 자신이었다. 큰 바위 얼굴을 닮으려고 평생 노력한 결과가 겸손과 정직, 침묵, 인내가 담긴 어니스트의 얼굴로 나타난 것이다.

얼굴은 우리가 살아가면서 겪는 인생의 희로애락이 담기는 외형적 그릇이다. 기쁘면 기쁜 대로 슬프면 슬픈 대로 얼굴에는 감정이 표현된다. 그리고 소설 『큰 바위 얼굴』이 이야기하듯 얼굴은 평생을 살아오면서 누군가를 또는 무언가를 닮기 위한 노력이 쌓인 결과물이다.

오산골 중턱의 화강암 바위에 새겨진 큰 바위 얼굴은 바위가 닳아서 모습이 없어질 때까지 보는 사람에게 편안함을 줄 것이다. 동시에 사람들에게 평생을 노력하여 자신처럼 편안함을 주는 얼굴을 닮으라고 이야기하고 있다.

경북 경주 남산 오산골 마애불
- ✖ **소재지** 경상북도 경주시 남산동 산36─5_산 중턱
- ✖ **조성 연대** 미상
- ✖ **명문** 없음
- ✖ **답사 난이도** ★★★☆☆(무난함)
- ✖ **아름다운 마애불을 볼 수 있는 시간** 해가 긴 하절기의 오후 4시 30분~5시. 바위가 북향이어서 이후로는 점점 그늘 속에 묻힌다.

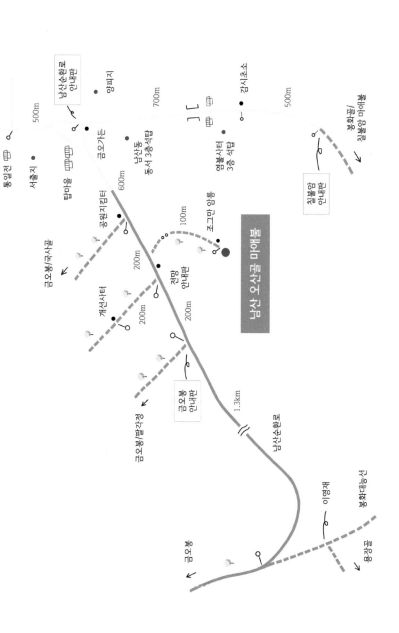

남산 오산곡 마애불

통일전 🏛
서출지 ●
탑마을 🏛🏛
남산순환로 안내판
금오가든
양피지 ●
500m
700m
남산동 동서 3층석탑
감시초소 ●
500m
공원지킴터
600m
100m
염불사터 3층석탑
봉화골/ 칠불암 마애불
칠불암 안내판
금오봉/국사골
200m
조그만 암릉
전망 안내판
200m
200m
개선사터
금오봉 안내판
금오봉/팔각정
1.3km
남산순환로
금오봉
이영재
봉화대능선
용장골

5

전남 영암 월출산
마애불

희망의 속삭임

토속의 산악숭배 사상과 마애불

오랜 옛날 산은 우리나라 사람들의 숭배 대상이었다. 산에는 산신이 산다고 믿었기 때문이다. 그리스의 도시 국가마다 제우스, 포세이돈, 아폴론 같은 신을 모시는 신전이 있었듯이 각 지역의 산에는 사람들이 모시는 저마다의 산신이 있었다. 옛날 사람들은 산신이 자신을 지켜주고 소원을 들어주는 영험한 존재라고 믿었다. 그래서 개인 또는 마을 차원에서 산신이 사는 산을 숭배하고 제사 지냈다. 신라 시대, 통일신라 시대에는 국가 차원에서 산의 중요성에 따라 큰 제사[大祀], 중간 제사[中祀], 작은 제사[小祀]의 형태로 산신에게 제사를 지냈다.

삼국 시대에 처음 도입된 불교는 이전의 토속 신앙을 흡수하였다. 산의 거대 암벽이나 바위에 새겨진 마애불도 토착의 산악숭배와 바위 숭배의 성격을 띤다. 마애불이 종교적 색채를 띠지만 바탕에는 조성 당시의 사람들이 살아가던 다양한 이야기가 깔려 있다. 이야기는 사회문화적, 역사적인 상황, 생활 풍속 등과 관련이 있다. 그러나 이야기를 직접 경험하기 위해서는 그만한 대가를 치러야 한다. 왜냐하면 마애불은 마을 입구나 길가 같은 생활공간에도 있지만 뒷동산부터 험준한 산에 있는 것이 더 많기 때문이다. 그래서 산을 오르는 수고쯤은 참고 견뎌야 한다.

월출산의 거대 암봉과 깊은 계곡에서 엿보는 산신들의 세계

이른 아침 월출산의 천황사 입구에 섰다. '달이 처음 뜨는 곳'이라 해서 이름 붙여진 월출산. 눈앞에 공룡 등줄기처럼 우뚝 솟은 거대 암봉들이 펼쳐진다. 산속으로 들어서니 급경사 산길이 천 구비 돌고 돈다. 산길은 거칠고 험한 데다 옅은 새벽안개까지 끼어서 발걸음마저 조심스럽다. 힘든 산길이지만 오르다 보니 서울에서 밤새 심야고속을 타고 내려온 피로가 말끔하게 사라진다. 그리고 계곡의 맑은 물소리에 무거운 눈꺼풀도 가벼워지고 눈도 조금씩 밝아진다. 바람폭포에 이르니 차가운 폭포의 물기운을 싣고 오는 바람이 스쳐 지나간다. 반쯤 떴던 두 눈은 더 커진다. 바람폭포에서는 남쪽 하늘을 배경으로 암봉의 실루엣이 더 선명하게 보인다. 저 멀리 매봉 정상과 사자봉 허리를 잇는 구름다리가 조그맣게 보인다. 거대 암봉들이 낮은 곳에서 하늘 끝까지 끝없이 이어

옅은 안개 속 월출산 전경_공룡 등줄기처럼 능선이 펼쳐진다.

진다. 매가 하늘을 힘차게 날아오르듯이, 사자가 포효하듯이, 용이 승천
하듯이 봉우리가 우뚝 솟아 있다.

 마지막 관문인 통천문을 지나 마침내 월출산의 최고봉인 천황봉에
올라섰다. 바위에 앉으니 마음이 편해졌다. 정신없이 산을 오르내리면
서 이런저런 세상사를 다 떨쳐 버린 것 같았다. 잠시 쉬었다가 머리를 들
어 저 멀리 바라보니 걸릴 것 없이 펼쳐지는 전경에 속이 시원해졌다. 저
아래 속세를 내려다보았을 산신이 이렇게 느끼지는 않았을까? 서쪽으
로 눈길을 돌리면 아래로 산 능선이 겹겹이 펼쳐진다. 첫 번째 능선에는
구정봉 아래 용암사터에 있는 월출산 마애불이 그리고 아득히 멀게만
느껴지는 두 번째 능선에는 월곡리 마애불이 있다. 천황봉을 바라보는
구정봉의 거대 암벽 면은 사람 얼굴을 닮았다. 겨우 어른 몸 하나에 맞
는 구멍을 힘들게 통과해서 바로 올라서면 구정봉 정상이다. 넓고 평평

한 암반에는 항상 물이 고여 있는 아홉 개의 조그만 웅덩이가 있다. 그래서 봉우리는 구정봉九井峰이라는 이름을 얻었다.

깎아지른 듯한 절벽 꼭대기라서 서 있으면 조금 어지럽지만 발아래로 주변 전경이 시원하게 펼쳐진다. 조선 중기에 구정봉을 올랐던 고봉 기대승(1527~1572)이 쓴 「등구정봉사망(登九井峰四望, 구정봉에 올라 사방을 보다)」이라는 시가 그 느낌을 대신 전해준다. 『고봉집』 제1권 시 편에 있다.

蒼蒼月出山	푸르고 푸른 월출산
海岸寔高峙	바닷가에 높이 솟았네
塵蹤阻探歷	속세에 묻혀 찾아보지 못하니
歲暮心不已	해가 저물어도 마음에서 잊지 못했네
今來亦何慊	지금 왔으니 또 무엇이 마음에 걸릴까
一盪胸中滓	가슴 속 찌꺼기 한 번에 씻겨 버렸네
矯首試俯瞰	머리 들어 멀리 바라보니
開豁無依倚	확 트여 걸림이 없구나

― 「등구정봉사망(登九井峰四望, 구정봉에 올라 사방을 보다)」 부분

거대 화강암을 마음대로 주무르는 솜씨에서 느끼는 조각미

마애불은 구정봉에서 용암사터 방향으로 약 15분 정도 내려간 평지에 있다. 마애불이 새겨진 거대 바위는 윗부분과 아랫부분으로 나누어졌다. 아랫부분은 두부를 토막 내듯 통째로 덜어내었고 윗부분은 바위

를 깊이 파서 부처가 감실에 있는 것처럼 만들었다. 거대하고 단단한 화강암을 마음먹은 대로 주무르는 장인의 솜씨를 보여 준다. 장인의 솜씨가 전국에 200개 이상이나 되는 한국 마애불의 아름다움을 보여주는 힘이었다.

그늘에서 위엄만 보이던 마애불의 네모난 얼굴에 오후 햇살을 따라 미소가 얇게 퍼진다. 마애불은 힘들게 올라선 내게 첫인사로 미소를 주었다. 왠지 모르게 마음이 편해진다. 햇빛을 받은 머리와 몸 주변의 둥근 광배에서는 빛이 나와서 눈이 부실 지경이다. 연꽃무늬와 덩굴무늬로 장식된 몸 주변으로는 불꽃이 활활 타오르고 있다. 평면적인 손가락에서는 생동감이 다소 부족해 보인다. 하지만 왼쪽 어깨에서 내려오는 옷자락은 하체 아래의 감실 바닥에 넘쳐 흘러내린다. 또 옷소매뿐만 아니라 몸 전체에서 보이는 얇고 부드러운 옷 주름은 육중한 몸을 들어 올릴 것 같은 경쾌함까지 보여 준다. 거대함에 섬세하고 세련된 조각미가 더해진 것이 월출산 마애불의 매력이다.

마애불 주변으로 용암사라고 새겨진 기와가 발견되어 용암사라는 절이 있었을 것으로 보고 있다.[33] 마애불을 중심으로 좌우 100m 지점에는 동탑과 서탑이 있어 드넓은 절의 규모를 짐작할 수 있다. 동탑(보물 제 1283호)이 있는 곳에서는 건물터, 석축, 석종형 부도 등을 볼 수 있다. 서탑은 자연의 둥근 바위를 기단 삼아 3층 몸돌을 만들어 얹었다. 서탑은 동탑과 대응하여 산천비보 목적으로 조성된 것으로 보인다. 서탑에서는

---

33 이경화, 「월출산 용암사지 마애불의 사적 해석」, 『한국사상과 문화』 제40집(한국사상문화학회, 2007.12), 108쪽.

감실 속에 있는 듯한 마애불_거대함에 조각의 세련미까지 갖추었다.

학이 춤추듯 펼쳐진 월출산 능선 아래 기암괴석 속의 마애불 전경을 볼 수 있다. 마치 원래부터 있었던 것처럼 마애불은 자연과 잘 어울린다. 월출산 마애불의 또 다른 아름다움은 멀리서 바라보면서 느끼는 산속 자연과의 조화에도 있다.

마애불에 관한 옛날 기록은 조선 중기의 정상(1533~1609)이라는 선비가 쓴 「월출산 유산록月出山遊山錄」에서 찾아볼 수 있다.[34] 정상은 5일간 월출산을 유람했다. 새로 지은 용암이라는 암자의 5층 석탑과 동탑이 마주 보는 사이의 바위에 미륵상이 새겨져 있는데 매우 기이하다며 기록으로 남겼다.

넓은 절터와 거대 마애불에 가득 찬 희망

월출산 마애불에서는 위엄과 당당함이 느껴진다. 전체적으로 둔중한 체구, 네모난 얼굴에 하체로 내려갈수록 평면적이다. 조성 기법상 통일신라 말이나 고려 초에 조성되었을 것으로 보고 있다. 마애불이 조성된 시기에는 중앙의 왕권 쟁탈전 속에 사회가 혼란스러웠다. 지방에서는 민란이 발생하고 초적이 들끓었다. 사회 혼란 속에 견훤이 후백제, 궁예가 후고구려를 세우면서 후삼국 시대가 열렸다. 동시에 왕권이 약화되면서 경제력이 있던 지방 호족이 정치 세력화되었다. 호족 세력은 견훤이나 궁예와 결탁하여 많은 지역에서 함께 통일 전쟁을 치렀다. 게다가 지방 호족 세력은 불교의 선종을 새로운 이념으로 채택하면서 그

---

34 목포대학교 역사학 심포지엄, "월출산 마애불", 2007. 3. 11, http://cafe.daum.net/wolchul buddhism

'용암사터 서 3층 석탑'에서 본 마애불 전경.

기반을 확고히 하였다. 불교는 경주의 왕실 불교에서 지방의 선종 불교로 성격이 바뀌고 있었다.

　나주, 목포, 영암, 강진 등 영산강 지역의 토착 세력 역시 왕건과 결탁했다. 토착 세력은 해상 무역을 통해 부를 축적하며 성장했는데 당시는 영암 최씨 가문이 대표적이었다. 『고려사』에 따르면 이곳의 토착 세력은 궁예의 부하였던 왕건이 수군을 이끌고 견훤의 세력권인 나주를 정벌하는 데 성공하도록 도와주었다. 그래서 왕건이 고려를 세웠을 때 공로를 인정받아 영암 최씨 호족인 최상흔과 그의 아들 최지몽은 벼슬까지 했다.

　마애불은 이때쯤 조성되었을 것으로 추정한다. 서북쪽으로 향한 마애불의 시선을 따라가면 눈앞에는 영암의 넓은 평야가 펼쳐지고 햇살에 반짝거리는 영산강, 목포 앞 서해가 아른거린다. 그래서 이곳 해상호족 세력이 위용을 과시하듯 월출산의 거대 바위에 마애불을 새긴 것으로 본다. 어지러웠던 시대에 만들어진 마애불은 미륵불이었다. 당시 유행했던 미륵불은 통일 전쟁 속에 고통받는 백성에게 살기 좋은 새 세상을 가져다줄 구세주였다. 실제로 위엄이 두드러진 마애불의 얼굴에서는 희망에 대한 의지가 엿보인다.

희망은 미래를 위해 참고 극복하게 하는 힘

월출산 꼭대기에 올라가는 동안 선경仙境에서 무념무상의 산신이 되었다. 하지만 산 아래로 발길을 돌리는 순간 꿈에서 조금씩 깨기 시작한다. 현실이 눈앞에 기다리고 있기 때문이다. 다행스럽게도 그 길목에서, 현실에서 흐트러질 수 있는 마음을 다시 잡아줄 마애불을 만나게 된다. 터만 남은 곳에 홀로 있는 마애불이지만 여전히 따뜻한 온기로 희망을 전해준다. 희망이란 무엇인가? 희망은 지금은 힘들지만 상황을 참고 이겨내면 더 나은 미래가 올 수 있다고 생각하는 믿음이 아닐까?

우리 인생은 오디세이에 비유된다. 그리스 연합군의 율리시스 왕이 트로이를 멸망시키고 자신의 집으로 돌아가던 길이 인생 여정과 닮았기 때문이다. 그 길은 짧았지만 시간은 10년이나 걸렸다. 율리시스 왕이 패전국 트로이가 모시던 포세이돈의 신전을 파괴하고 포세이돈의 아들인 외눈박이 거인을 죽인 대가였다. 다른 신의 도움을 받기도 했지만 그의 뱃길에는 포세이돈이 던지는 시련이 끝없이 펼쳐졌다. 죽을 고비를 여러 번 넘기면서 그는 숱한 절망에 빠졌다. 그때마다 폭풍의 바다에 뛰어내려 험난한 삶을 끝내고 싶다고 생각한 적이 한두 번이 아니었다. 그러나 그는 절망 속에서도 다시 마음을 굳게 잡으며 희망의 끈을 놓지 않았다. 마침내 무사히 자신의 나라에 도착하여 뜻하는 바를 이루었다.

개인의 삶을 힘들게 하는 시련은 율리시스 왕의 오디세이에서처럼 빠지지 않고 인생 여정에 등장한다. 살다 보면 힘들 때가 많다. 심할 때는 끝없는 절망의 나락으로 떨어질 수도 있다. 이럴 때 등장하는 구세주가 희망이 아닐까? 감히 생각해 본다. 여정의 초입에 있는 젊은이든 끝에 있는 늙은이든 인생이 수시로, 무자비하게 던지는 돌멩이에 괴로워하고 아파하지 않는 자가 어디 있는가? 술 한 잔 마시고 한 번씩 인생에게 시련을 그만 달라고 울부짖었을 때, 인생은 부탁을 순순히 들어줄 만큼 어디 만만하던가? 그래서 힘든 인생과 맞짱 뜨면서 끝까지 살아가는 힘을 잃지 않도록 하는 것이 희망 아니던가?

전남 영암 월출산 마애불

- ✄ **소재지** 전라남도 영암군 영암읍 회문리 산26—8_구정봉 정상 부근
- ✄ **조성 연대** 나말여초
- ✄ **문화재 번호** 국보 제144호
- ✄ **명문** 없음
- ✄ **답사 난이도** ★★★★★(매우 어려움)
- ✄ **아름다운 마애불을 볼 수 있는 시간** 오후 중. 바위가 서북향이어서 오후 2시 30분~3시 30분에 좀 더 선명한 모습을 볼 수 있다.

보충내용

강진 월출산 삼존골 마애삼존불

강진의 금릉경포대 입구에서 한 시간 정도 오르면 약수터가 있다. 약수터에는 마애불과 관련된 삼존암이 있었다고 한다. 마애불은 2005년에 발견되었는데 세월의 흔적이 남아 있다. 본존불과 우협시보살은 선명한 편이나 좌협시보살이 희미하다. 좌협시보살은 반가사유상 모습이 드러나고 있어 미륵보살일 것으로 추정한다. 그래서 서산 용현리 마애삼존불(국보 제84호)과 같은 도상을 새겼을 것으로 본다. 통일신라 또는 고려 전기에 새겨진 것으로 추정한다(소재지: 전라남도 강진군 성전면 월남리 산116—3).

영암 월출산 칠치계곡 마애불

천황사에서 천황봉으로 오르는 도중의 사자봉 아래 칠치계곡에 있다. 계곡은 급경사에, 바위가 많아서 위험하다. 연꽃 대좌 위에 앉은 마애불은 삼각형의 큰 바위에 낮은 돋을새김으로 새겨져 있다. 토속적이고 해학적인 모습을 품고 있는 얼굴은 힘들게 찾아온 사람들의 피로를 잊게 한다. 웃고 있는 듯한 눈과 눈썹, 뭉툭한 코, 튀어나온 두

뺨, 조그맣고 두툼한 입술이 친숙해 누구라도 편하게 대화할 수 있을 것 같다. 고려 시대에 조성된 것으로 추정한다(소재지: 전라남도 영암군 영암읍 개신리 산89—1).

영암 월곡리 마애불

월곡리 마애불은 월출산 마애불(국보 제144호)에서 계곡 건너편 사리봉과 노적봉 중간의 거대 암벽에 새겨져 있다. 월곡리 마애불은 월출산 마애불과 마주 보고 있다. 연꽃 대좌 위에 앉은 마애불은 낮은 돋을새김으로 새겨져 평면적이다. 그리고 각진 체구, 각진 팔꿈치에 네모난 얼굴은 형식적으로 표현되었다. 게다가 높이 5.9m나 되는 거대 마애불이라는 점에서 고려 시대에 조성된 것으로 본다. 마애불 옆으로 20m 정도 떨어져 있는 바위 면에는 얼굴만 새겨진 불두도 있다(소재지: 전라남도 영암군 군서면 월곡리 산1—1).

무위사 선각대사탑비

무위사는 월출산 자락에 안겨 있는 고찰로 신라의 원효대사가 창건했다고 한다. 경내에는 역사만큼 많은 문화재가 남아 있다. 특히 선각대사탑비(보물 제507호)에는 궁예의 부하였던 왕건이 후백제 견훤의 세력권인 나주를 항복시킨 내용과 당시 상황이 기록되어 있다. 월출산 마애불과도 시대적 배경을 같이 한다. 무위사에 8년간 머물던 선각대사(864~917)는 왕건의 요청으로 태봉의 수도인 철원에서 궁예를 만났다. 그러나 포악한 궁예가 왕건을 의심해 죽이려 하자 왕건을 두둔하다가 죽임을 당했다. 나중에 고려를 개국한 왕건이 탑을 조성하여 그를 장사지냈고 2년 후 선각대사라는 시호를 내렸다. 그리고 선각대사탑비는 대사가 죽은 지 29년 후인 제3대 왕 정종 원년(946)에 세워졌다(소재지: 전라남도 강진군 성전면 무위사로 308).

| 찾아가는 길 |

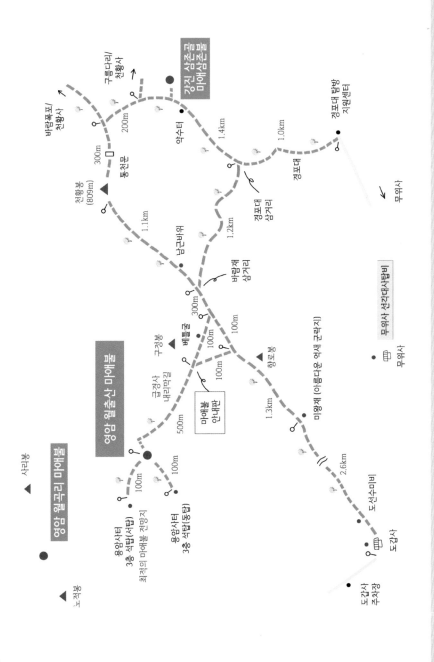

강진 삼존불
마애삼존불

영암 월출산 마애불

영암 월곡리 마애불

바람폭포/
천황사

구름다리/
천황사

천황봉
(809m)

통천문

약수터

300m

200m

1.4km

1.0km

경포대 탐방
지원센터

경포대

1.1km

남근바위

경포대
삼거리

1.2km

바람재
삼거리

300m

베틀굴

100m

구정봉

금정사
내리막길

100m

100m

100m

향로봉

무위사 선각대사탑비

무위사

마애불
안내판

500m

마왕재 (아름다운 여세 군락지)

1.3km

사리봉

용암사터
3층 석탑(서탑)
최적의 마애불 전망지

100m

100m

용암사터
3층 석탑(동탑)

도선수미비

노적봉

2.6km

도갑사

도갑사
주차장

부록.

·지역별 마애불 현황
·참고 자료

지역별 마애불 현황

1. 시·군과 마애불 명은 '가나다' 순으로 배열했다.
2. 본문에 소개된 마애불은 별색으로 표시했다.
3. '마애불 명', '답사 난이도', '조성 연대' 기준은 책의 '일러두기'를 참조하기 바란다.

1. 자연의 암벽이나 바위에 새겨진 마애불

서울특별시

1. 구기동 마애불

✖ **소재지**　서울특별시 종로구 구기동 산2—1(승가사)_북한산 정상 부근
✖ **조성연대**　고려
✖ **문화재 번호**　보물 제215호
✖ **명문**　없음
✖ **답사 난이도**　★★★☆☆ (무난함)

2. 도선사 마애불

✖ **소재지**　서울특별시 강북구 삼양로173길 504_북한산 중턱
✖ **조성연대**　조선
✖ **문화재 번호**　서울 유형문화재 제34호
✖ **명문**　없음
✖ **답사 난이도**　★★☆☆☆ (다소 쉬움)

3. 보타사 마애보살

✖ **소재지**　서울특별시 성북구 개운사길 60—46_도심
✖ **조성연대**　고려
✖ **문화재 번호**　보물 제1828호
✖ **명문**　있음

4. 봉천동 마애불

☒ **소재지**   서울특별시 관악구 봉천동 산4—9(상봉약수 옆)_관악산 중턱
☒ **조성연대**   조선 인조 8년(1630)
☒ **문화재 번호**   서울 유형문화재 제49호
☒ **명문**   있음
☒ **답사 난이도**   ★★★★☆ (어려움)

5. 삼천사터 마애불

☒ **소재지**   서울특별시 은평구 연서로54길 127(삼천사)_북한산 중턱
☒ **조성연대**   고려
☒ **문화재 번호**   보물 제657호
☒ **명문**   없음
☒ **답사 난이도**   ★★★☆☆ (무난함)

6. 안양암 마애보살

☒ **소재지**   서울특별시 종로구 창신5길 59—2_도심
☒ **조성연대**   대한제국(1909)
☒ **문화재 번호**   서울 유형문화재 제122호
☒ **명문**   있음
☒ **답사 난이도**   ★☆☆☆☆ (쉬움)

7. 옥천암 마애보살

☒ **소재지**   서울특별시 서대문구 홍지문길 1—38_홍제천가

✖ **조성연대**　고려
✖ **문화재 번호**　보물 제1820호
✖ **명문**　없음
✖ **답사 난이도**　★ ☆ ☆ ☆ ☆ (쉬움)

8. 학도암 마애보살　3장―2

✖ **소재지**　서울특별시 노원구 중계로14다길 89_불암산 중턱
✖ **조성연대**　조선 고종 9년(1872)
✖ **문화재 번호**　서울 유형문화재 제124호
✖ **명문**　있음
✖ **답사 난이도**　★ ☆ ☆ ☆ ☆ (쉬움)

경기도

1. 과천 용운암 마애승용군　1장―8

✖ **소재지**　경기도 과천시 교육원로 114―1_관악산 입구
✖ **조성연대**　고려
✖ **문화재 번호**　과천 향토유적 제4호
✖ **명문**　없음
✖ **답사 난이도**　★ ★ ☆ ☆ ☆ (다소 쉬움)

2. 성남 망경암 마애불　2장―8

✖ **소재지**　경기도 성남시 수정구 태평로55번길 72_영장산 중턱
✖ **조성연대**　대한제국 원년(1897)
✖ **문화재 번호**　경기 유형문화재 제102호
✖ **명문**　있음

＊ **답사 난이도** ★ ★ ☆ ☆ ☆ (다소 쉬움)

3. 시흥 소래산 마애보살

＊ **소재지** 경기도 시흥시 대야동 산140－3_산 중턱
＊ **조성연대** 고려
＊ **문화재 번호** 보물 제1324호
＊ **명문** 없음
＊ **답사 난이도** ★ ★ ★ ☆ ☆ (무난함)

4. 안성 굴암사 마애불

＊ **소재지** 경기도 안성시 대덕면 진현리 300－1_샛죽바위산 입구
＊ **조성연대** 고려
＊ **문화재 번호** 안성 향토유적 제11호
＊ **명문** 없음
＊ **답사 난이도** ★ ☆ ☆ ☆ ☆ (쉬움)

5. 안성 굴암사 마애선각불

＊ **소재지** 경기도 안성시 대덕면 진현리 300－1_샛죽바위산 입구
＊ **조성연대** 고려
＊ **문화재 번호** 안성 향토유적 제12호
＊ **명문** 없음
＊ **답사 난이도** ★ ☆ ☆ ☆ ☆ (쉬움)

6. 안성 석남사 마애불

＊ **소재지** 경기도 안성시 금광면 상중리 산22_서운산 중턱

※ **조성연대**　고려
※ **문화재 번호**　경기 유형문화재 제109호
※ **명문**　없음
※ **답사 난이도**　★★★☆☆ (무난함)

7. 안성 선유동 마애불상군

※ **소재지**　경기도 안성시 일죽면 선유동길 23—46_산 정상
※ **조성연대**　고려
※ **문화재 번호**　안성 향토유적 제13호
※ **명문**　없음
※ **답사 난이도**　★★★☆☆ (무난함)

8. 안양 삼막사 마애삼존불 1장—2

※ **소재지**　경기도 안양시 만안구 삼막로 478_삼성산 정상 부근
※ **조성연대**　조선 영조 39년(1763)
※ **문화재 번호**　경기 유형문화재 제94호
※ **명문**　있음
※ **답사 난이도**　★★★★☆ (어려움)

9. 양평 상자포리 마애불

※ **소재지**　경기도 양평군 개군면 상자포리 산36—1_파사산 정상 부근
※ **조성연대**　고려
※ **문화재 번호**　경기 유형문화재 제171호
※ **명문**　없음
※ **답사 난이도**　★★★☆☆ (무난함)

10. 여주 계신리 마애불 1장—3

　　⚒ **소재지**　　경기도 여주시 흥천면 계신리 산4(석불암)_남한강가

　　⚒ **조성연대**　　고려

　　⚒ **문화재 번호**　　경기 유형문화재 제98호

　　⚒ **명문**　　없음

　　⚒ **답사 난이도**　　★ ☆ ☆ ☆ ☆ (쉬움)

11. 용인 문수산 마애보살

　　⚒ **소재지**　　경기도 용인시 처인구 원삼면 문촌리 산25—1_문수봉 정상 부근

　　⚒ **조성연대**　　나말여초

　　⚒ **문화재 번호**　　경기 유형문화재 제120호

　　⚒ **명문**　　없음

　　⚒ **답사 난이도**　　★ ★ ★ ☆ ☆ (무난함)

12. 이천 소고리 마애불

　　⚒ **소재지**　　경기도 이천시 모가면 공원로218번길 158—48_마오산 입구

　　⚒ **조성연대**　　고려

　　⚒ **문화재 번호**　　경기 유형문화재 제119호

　　⚒ **명문**　　없음

　　⚒ **답사 난이도**　　★ ★ ☆ ☆ ☆ (다소 쉬움)

13. 이천 소고리 마애삼존불

　　⚒ **소재지**　　경기도 이천시 모가면 공원로218번길 158—48_마오산 입구

　　⚒ **조성연대**　　고려

　　⚒ **문화재 번호**　　이천 향토유적 제8호

　　⚒ **명문**　　없음

✖ **답사 난이도**   ★★☆☆☆ (다소 쉬움)

14. 이천 영월암 마애불

✖ **소재지**   경기도 이천시 경충대로2709번길 388_설봉산 정상 부근
✖ **조성연대**   고려
✖ **문화재 번호**   보물 제822호
✖ **명문**   없음
✖ **답사 난이도**   ★★★☆☆ (무난함)

15. 파주 동파리 사면석불

✖ **소재지**   경기도 파주시 진동면 동파리 산31—1_일월봉 정상 부근
✖ **조성연대**   고려
✖ **문화재 번호**   경기 유형문화재 제156호
✖ **명문**   없음
✖ **답사 난이도**   민통선 내에 있음

16. 파주 용미리 마애불 2장—6

✖ **소재지**   경기도 파주시 광탄면 용미리 산8(용암사)_장지산 중턱
✖ **조성연대**   조선 성종 2년(1471)
✖ **문화재 번호**   보물 제93호
✖ **명문**   있음
✖ **답사 난이도**   ★★☆☆☆ (다소 쉬움)

17. 하남 교산동 마애불 2장—3

✖ **소재지**   경기도 하남시 교산동 55—3(선법사)_객산 입구

✂ **조성연대**   고려 경종 2년(977)
✂ **문화재 번호**   보물 제981호
✂ **명문**   있음
✂ **답사 난이도**   ★ ☆ ☆ ☆ ☆ (쉬움)

18. 하남 춘궁동 마애불

✂ **소재지**   경기도 하남시 춘궁동 산40−51_금암산 입구
✂ **조성연대**   고려
✂ **명문**   없음
✂ **답사 난이도**   ★ ★ ☆ ☆ ☆ (다소 쉬움)

19. 인천 강화 보문사 마애보살 1장−7

✂ **소재지**   인천광역시 강화군 삼산면 삼산남로828번길 44_낙가산 정상
          부근
✂ **조성연대**   일제 강점기(1928)
✂ **문화재 번호**   인천 유형문화재 제29호
✂ **명문**   있음
✂ **답사 난이도**   ★ ★ ★ ☆ ☆ (무난함)

강원도

1. 영월 무릉리 마애불 1장−6

✂ **소재지**   강원도 영월군 무릉도원면 도원운학로 13−39_주천강가
✂ **조성연대**   고려
✂ **문화재 번호**   강원 유형문화재 제74호
✂ **명문**   없음

※ **답사 난이도**　★★☆☆☆ (다소 쉬움)

2. 원주 수암리 마애삼존불

　　※ **소재지**　강원도 원주시 소초면 수암리 979_산 입구
　　※ **조성연대**　고려
　　※ **문화재 번호**　강원 유형문화재 제118호
　　※ **명문**　없음
　　※ **답사 난이도**　★★☆☆☆ (다소 쉬움)

3. 원주 주포리 마애불

　　※ **소재지**　강원도 원주시 귀래면 주포리 산25—5_미륵산 정상
　　※ **조성연대**　고려
　　※ **문화재 번호**　강원 문화재자료 제22호
　　※ **명문**　없음
　　※ **답사 난이도**　★★★★☆ (어려움)

4. 원주 평장리 마애보살

　　※ **소재지**　강원도 원주시 소초면 평장리 산78—2_탑고개 정상
　　※ **조성연대**　고려
　　※ **문화재 번호**　강원 유형문화재 제119호
　　※ **명문**　없음
　　※ **답사 난이도**　★★☆☆☆ (다소 쉬움)

5. 원주 흥양리 마애불

　　※ **소재지**　강원도 원주시 소초면 황골로 707(입석사)_치악산 중턱

✻ **조성연대**　고려 선종 7년(1090)

✻ **문화재 번호**　강원 유형문화재 제117호

✻ **명문**　있음

✻ **답사 난이도**　★ ★ ★ ☆ ☆ (무난함)

6. 철원 동송읍 마애불 2장—2

✻ **소재지**　강원도 철원군 동송읍 이평리 산142_금학산 중턱

✻ **조성연대**　고려

✻ **문화재 번호**　강원 문화재자료 제33호

✻ **명문**　없음

✻ **답사 난이도**　★ ★ ★ ☆ ☆ (무난함)

충청북도

1. 괴산 도명산 마애불상군

✻ **소재지**　충청북도 괴산군 청천면 화양리 산14—3_정상 부근

✻ **조성연대**　고려

✻ **문화재 번호**　충북 유형문화재 제140호

✻ **명문**　없음

✻ **답사 난이도**　★ ★ ★ ★ ☆ (어려움)

2. 괴산 삼방리 마애불

✻ **소재지**　충청북도 괴산군 불정면 삼방리 산56—3_어래산 입구

✻ **조성연대**　고려

✻ **문화재 번호**　충북 유형문화재 제128호

✻ **명문**　없음

3. 괴산 원풍리 마애불

✖ **소재지**　충청북도 괴산군 연풍면 원풍리 산124—2_고개 입구
✖ **조성연대**　고려
✖ **문화재 번호**　보물 제97호
✖ **명문**　없음
✖ **답사 난이도**　★☆☆☆☆ (쉬움)

4. 보은 법주사 마애불

✖ **소재지**　충청북도 보은군 속리산면 법주사로 379_속리산 입구
✖ **조성연대**　고려
✖ **문화재 번호**　보물 제216호
✖ **명문**　없음
✖ **답사 난이도**　★★☆☆☆ (다소 쉬움)

5. 보은 법주사 마애보살

✖ **소재지**　충청북도 보은군 속리산면 법주사로 379_속리산 입구
✖ **조성연대**　미상
✖ **명문**　없음
✖ **답사 난이도**　★★☆☆☆ (다소 쉬움)

6. 보은 법주사 상고암 마애불상군

✖ **소재지**　충청북도 보은군 속리산면 법주사로 658—24_속리산 정상 부근
✖ **조성연대**　조선

✖ **문화재 번호**　　충북 문화재자료 제79호

✖ **명문**　　없음

✖ **답사 난이도**　　★★★★★ (매우 어려움)

7. 옥천 용암사 마애불

✖ **소재지**　　충청북도 옥천군 옥천읍 삼청2길 400_장령산 중턱

✖ **조성연대**　　통일신라

✖ **문화재 번호**　　충북 유형문화재 제17호

✖ **명문**　　없음

✖ **답사 난이도**　　★★☆☆☆ (다소 쉬움)

8. 음성 미타사 마애불

✖ **소재지**　　충청북도 음성군 소이면 소이로61번길 164_가섭산 입구

✖ **조성연대**　　고려

✖ **문화재 번호**　　충북 유형문화재 제130호

✖ **명문**　　없음

✖ **답사 난이도**　　★★☆☆☆ (다소 쉬움)

9. 제천 덕주사 마애불

✖ **소재지**　　충청북도 제천시 한수면 미륵송계로2길 230_월악산 중턱

✖ **조성연대**　　고려

✖ **문화재 번호**　　보물 제406호

✖ **명문**　　없음

✖ **답사 난이도**　　★★★☆☆ (무난함)

10. 증평 남하리 절터 마애불상군

★ **소재지**   충청북도 증평군 증평읍 남하리 산35-2_남대산 입구
★ **조성연대**   고려
★ **문화재 번호**   충북 유형문화재 제197호
★ **명문**   없음
★ **답사 난이도**   ★★☆☆☆ (다소 쉬움)

11. 진천 노원리 마애불

★ **소재지**   충청북도 진천군 이월면 노원리 산39-2_산 중턱
★ **조성연대**   고려
★ **문화재 번호**   충북 유형문화재 제189호
★ **명문**   없음
★ **답사 난이도**   ★★★☆☆ (무난함)

12. 진천 사곡리 마애불

★ **소재지**   충청북도 진천군 이월면 사곡리 산68-1_사자산 정상 부근
★ **조성연대**   통일신라 또는 고려
★ **문화재 번호**   충북 유형문화재 제124호
★ **명문**   없음
★ **답사 난이도**   ★★★☆☆ (무난함)

13. 진천 산수리 마애불

★ **소재지**   충청북도 진천군 덕산면 인화길 83(성림사)_들판 입구
★ **조성연대**   고려
★ **문화재 번호**   충북 문화재자료 제20호
★ **명문**   없음

14. 진천 태화4년명 마애불 3장—3

  ※ **소재지**   충청북도 진천군 초평면 용정리 산9—27_부처당고개 중턱
  ※ **조성연대**   통일신라 흥덕왕 5년(830)
  ※ **문화재 번호**   충북 유형문화재 제91호
  ※ **명문**   있음
  ※ **답사 난이도**   ★☆☆☆☆ (쉬움)

15. 청주 정하동 마애불

  ※ **소재지**   충청북도 청주시 청원구 정하동 산9—1_마을 입구
  ※ **조성연대**   통일신라 또는 고려
  ※ **문화재 번호**   충북 유형문화재 제113호
  ※ **명문**   없음
  ※ **답사 난이도**   ★☆☆☆☆ (쉬움)

16. 충주 봉황리 마애불상군

  ※ **소재지**   충청북도 충주시 중앙탑면 봉황리 산27_햇골산 중턱
  ※ **조성연대**   삼국
  ※ **문화재 번호**   보물 제1401호
  ※ **명문**   없음
  ※ **답사 난이도**   ★★☆☆☆ (다소 쉬움)

17. 충주 조동리 마애불

  ※ **소재지**   충청북도 충주시 동량면 조동탑평2길 36_마을 내

✖ **조성연대** 조선

✖ **문화재 번호** 충주 향토유적 제8호

✖ **명문** 없음

✖ **답사 난이도** ★☆☆☆☆ (쉬움)

18. 충주 창동리 마애불 1장—3

✖ **소재지** 충청북도 충주시 중앙탑면 창동리 240_남한강가

✖ **조성연대** 고려

✖ **문화재 번호** 충북 유형문화재 제76호

✖ **명문** 없음

✖ **답사 난이도** ★★☆☆☆ (다소 쉬움)

충청남도

1. 공주 송학리 마애불

✖ **소재지** 충청남도 공주시 탄천면 송학리 산70—1_산 중턱

✖ **조성연대** 고려

✖ **문화재 번호** 공주 향토유적 제35호

✖ **명문** 없음

✖ **답사 난이도** ★★★☆☆ (무난함)

2. 공주 일락산 마애보살

✖ **소재지** 충청남도 공주시 봉황동 산7—1_산 입구

✖ **조성연대** 조선

✖ **명문** 있음

✖ **답사 난이도** ★★☆☆☆ (다소 쉬움)

3. 논산 상도리 마애불

　　✖ **소재지**　충청남도 논산시 상월면 상도리 산1_계룡산 중턱
　　✖ **조성연대**　고려
　　✖ **문화재 번호**　충남 유형문화재 제175호
　　✖ **명문**　없음
　　✖ **답사 난이도**　★★★☆☆ (무난함)

4. 논산 송정리 마애삼존불

　　✖ **소재지**　충청남도 논산시 연산면 송정리 산41—2_산 성상 부근
　　✖ **조성연대**　고려
　　✖ **문화재 번호**　충남 문화재자료 제328호
　　✖ **명문**　없음
　　✖ **답사 난이도**　★★★☆☆ (무난함)

5. 논산 수락리 마애불

　　✖ **소재지**　충청남도 논산시 벌곡면 수락계곡길 559_대둔산 정상 부근
　　✖ **조성연대**　여말선초
　　✖ **문화재 번호**　충남 문화재자료 제276호
　　✖ **명문**　없음
　　✖ **답사 난이도**　★★★★☆ (어려움)

6. 논산 신풍리 마애불

　　✖ **소재지**　충청남도 논산시 부적면 신풍길 75—42_고정산 정상 부근
　　✖ **조성연대**　고려
　　✖ **문화재 번호**　충남 유형문화재 제54호
　　✖ **명문**　없음

⚒ **답사 난이도**　★★★☆☆ (무난함)

7. 당진 영탑사 마애불

⚒ **소재지**　충청남도 당진시 면천면 성하로 139—33_산 입구
⚒ **조성연대**　고려
⚒ **문화재 번호**　충남 유형문화재 제111호
⚒ **명문**　없음
⚒ **답사 난이도**　★☆☆☆☆ (쉬움)

8. 보령 왕대사 마애불 2장—1

⚒ **소재지**　충청남도 보령시 절길 44_왕대산 정상 부근
⚒ **조성연대**　나말여초
⚒ **문화재 번호**　충남 문화재자료 제317호
⚒ **명문**　없음
⚒ **답사 난이도**　★★☆☆☆ (다소 쉬움)

9. 부여 상천리 마애불 2장—4

⚒ **소재지**　충청남도 부여군 홍산면 상천리 산104—1_태봉산 정상 부근
⚒ **조성연대**　고려
⚒ **문화재 번호**　충남 유형문화재 제140호
⚒ **명문**　없음
⚒ **답사 난이도**　★★☆☆☆ (다소 쉬움)

10. 부여 정각리 마애삼존불

✂ **소재지**　충청남도 부여군 석성면 왕릉로정각사길 165(정각사)_태조봉 중턱

✂ **조성연대**　미상

✂ **명문**　없음

✂ **답사 난이도**　★★☆☆☆ (다소 쉬움)

11. 서산 용현리 마애삼존불

✂ **소재지**　충청남도 서산시 운산면 마애삼존불길 65—13_산 입구

✂ **조성연대**　백제

✂ **문화재 번호**　국보 제84호

✂ **명문**　없음

✂ **답사 난이도**　★★☆☆☆ (다소 쉬움)

12. 아산 고용산 마애불

✂ **소재지**　충청남도 아산시 영인면 윤보선로131번길 56_산 중턱

✂ **조성연대**　고려

✂ **명문**　없음

✂ **답사 난이도**　★★★☆☆ (무난함)

13. 예산 화전리 사면석불

✂ **소재지**　충청남도 예산군 봉산면 화전리 산62—3_산 입구

✂ **조성연대**　백제

✂ **문화재 번호**　보물 제794호

✂ **명문**　없음

✂ **답사 난이도**　★★☆☆☆ (다소 쉬움)

14. 천안 만일사 마애불

　　❉ **소재지**　　충청남도 천안시 서북구 성거읍 천흥4길 503_성거산 중턱
　　❉ **조성연대**　　미상
　　❉ **문화재 번호**　　충남 문화재자료 제255호
　　❉ **명문**　　없음
　　❉ **답사 난이도**　　★★☆☆☆ (다소 쉬움)

15. 천안 삼태리 마애불

　　❉ **소재지**　　충청남도 천안시 동남구 풍세면 휴양림길 70_태학산 중턱
　　❉ **조성연대**　　고려
　　❉ **문화재 번호**　　보물 제407호
　　❉ **명문**　　없음
　　❉ **답사 난이도**　　★★★☆☆ (무난함)

16. 천안 성불사 마애석가삼존16나한 및 마애불　1장—5

　　❉ **소재지**　　충청남도 천안시 동남구 성불사길 144_태조산 중턱
　　❉ **조성연대**　　여말선초
　　❉ **문화재 번호**　　충남 유형문화재 제169호
　　❉ **명문**　　없음
　　❉ **답사 난이도**　　★★☆☆☆ (다소 쉬움)

17. 태안 동문리 마애삼존불

　　❉ **소재지**　　충청남도 태안군 태안읍 원이로 78—132_백화산 정상 부근
　　❉ **조성연대**　　백제
　　❉ **문화재 번호**　　국보 제307호
　　❉ **명문**　　없음

✕ 답사 난이도   ★★☆☆☆ (다소 쉬움)

18. 홍성 구절암 마애불

✕ **소재지**   충청남도 홍성군 구항면 거북로218번길 163_보개산 정상 부근
✕ **조성연대**   고려
✕ **문화재 번호**   충남 문화재자료 제361호
✕ **명문**   없음
✕ **답사 난이도**   ★★☆☆☆ (다소 쉬움)

19. 홍성 상하리 절터 마애보살

✕ **소재지**   충청남도 홍성군 홍북읍 상하리 산1—1_용봉산 정상 부근
✕ **조성연대**   고려
✕ **문화재 번호**   충남 유형문화재 제250호
✕ **명문**   없음
✕ **답사 난이도**   ★★★★☆ (어려움)

20. 홍성 신경리 마애불

✕ **소재지**   충청남도 홍성군 홍북읍 신경리 산80—1_용봉산 중턱
✕ **조성연대**   나말여초
✕ **문화재 번호**   보물 제355호
✕ **명문**   없음
✕ **답사 난이도**   ★★★☆☆ (무난함)

21. 홍성 용봉사 마애불

✕ **소재지**   충청남도 홍성군 홍북읍 신경리 산79_용봉산 중턱
✕ **조성연대**   통일신라 소성왕 원년(799)

※ **문화재 번호** 충남 유형문화재 제118호
※ **명문** 있음
※ **답사 난이도** ★★★☆☆ (무난함)

22. 대전 보문산 마애불

※ **소재지** 대전광역시 중구 석교동 산17—1_산 중턱
※ **조성연대** 고려
※ **문화재 번호** 대전 유형문화재 제19호
※ **명문** 없음
※ **답사 난이도** ★★★☆☆ (무난함)

전라북도

1. 고창 선운사 동불암터 마애불

※ **소재지** 전라북도 고창군 아산면 도솔길 294_선운산 입구
※ **조성연대** 고려
※ **문화재 번호** 보물 제1200호
※ **명문** 없음
※ **답사 난이도** ★★★☆☆ (무난함)

2. 고창 운선암 마애불 입상 및 좌상

※ **소재지** 전라북도 고창군 성송면 계당리 산24—2_추산봉 입구
※ **조성연대** 고려
※ **문화재 번호** 전북 유형문화재 제182호
※ **명문** 없음
※ **답사 난이도** ★★☆☆☆ (다소 쉬움)

3. 김제 문수사 마애불

✻ **소재지** 전라북도 김제시 황산5길 158_황산 정상 부근
✻ **조성연대** 고려 또는 조선
✻ **문화재 번호** 전북 유형문화재 제175호
✻ **명문** 없음
✻ **답사 난이도** ★★☆☆☆ (다소 쉬움)

4. 남원 개령암터 마애불상군

✻ **소재지** 전라북도 남원시 산내면 덕동리 산215_지리산 정령지 정상
✻ **조성연대** 고려
✻ **문화재 번호** 보물 제1123호
✻ **명문** 있음
✻ **답사 난이도** ★★★☆☆ (무난함)

5. 남원 견두산 마애불

✻ **소재지** 전라북도 남원시 수지면 고평리 산206—1_정상 부근
✻ **조성연대** 고려
✻ **문화재 번호** 전북 유형문화재 제199호
✻ **명문** 없음
✻ **답사 난이도** ★★★★★ (매우 어려움)

6. 남원 노적봉 마애불

✻ **소재지** 전라북도 남원시 사매면 서도리 산23—1_산 중턱
✻ **조성연대** 고려
✻ **문화재 번호** 전북 문화재자료 제146호
✻ **명문** 없음

※ **답사 난이도**   ★ ★ ★ ★ ☆ (어려움)

7. 남원 사석리 마애불

※ **소재지**   전라북도 남원시 대강면 사석리 산91_두바리봉 정상 부근
※ **조성연대**   고려
※ **명문**   없음
※ **답사 난이도**   ★ ★ ★ ★ ★ (매우 어려움)

8. 남원 서곡리 마애불

※ **소재지**   전라북도 남원시 이백면 서곡리 산27_장백산 중턱
※ **조성연대**   조선
※ **명문**   없음
※ **답사 난이도**   ★ ★ ☆ ☆ ☆ (다소 쉬움)

9. 남원 신계리 마애불

※ **소재지**   전라북도 남원시 대산면 신계리 산18_풍악산 중턱
※ **조성연대**   통일신라 또는 고려
※ **문화재 번호**   보물 제423호
※ **명문**   없음
※ **답사 난이도**   ★ ★ ★ ☆ ☆ (무난함)

10. 남원 여원치 마애불 2장—5

※ **소재지**   전라북도 남원시 이백면 양가리 5—3_여원치 고개 정상
※ **조성연대**   고려
※ **문화재 번호**   전북 유형문화재 제162호
※ **명문**   있음(후대에 조성)

✕ **답사 난이도** ★ ★ ☆ ☆ ☆ (다소 쉬움)

11. 남원 제바위 마애불

✕ **소재지** 전라북도 남원시 주천면 용담리 산45_산 정상
✕ **조성연대** 고려
✕ **명문** 없음
✕ **답사 난이도** ★ ★ ★ ☆ ☆ (무난함)

12. 남원 호기리 마애불

✕ **소재지** 전라북도 남원시 주천면 원천로 254—10_길가
✕ **조성연대** 고려
✕ **명문** 없음
✕ **답사 난이도** ★ ☆ ☆ ☆ ☆ (쉬움)

13. 순창 석산리 마애불

✕ **소재지** 전라북도 순창군 적성면 석산리 산130—2_산 중턱
✕ **조성연대** 고려
✕ **문화재 번호** 전북 문화재자료 제184호
✕ **명문** 없음
✕ **답사 난이도** ★ ★ ★ ☆ ☆ (무난함)

14. 순창 세룡리 마애삼존불

✕ **소재지** 전라북도 순창군 인계면 세룡리 산94_산 중턱
✕ **조성연대** 고려
✕ **명문** 없음
✕ **답사 난이도** ★ ★ ★ ☆ ☆ (무난함)

15. 완주 수만리 마애불

- ❀ **소재지** 전라북도 완주군 동상면 수만리 산4—3_대부산 정상 부근
- ❀ **조성연대** 나말여초
- ❀ **문화재 번호** 전북 유형문화재 제84호
- ❀ **명문** 없음
- ❀ **답사 난이도** ★ ★ ★ ★ ☆ (어려움)

16. 완주 항가리 마애불

- ❀ **소재지** 전라북도 완주군 구이면 항가리 산45_치마산 중턱
- ❀ **조성연대** 여말선초
- ❀ **명문** 없음
- ❀ **답사 난이도** ★ ★ ★ ☆ ☆ (무난함)

17. 익산 화산리 마애삼존불

- ❀ **소재지** 전라북도 익산시 망성면 나바위1길 146_금강가
- ❀ **조성연대** 고려 또는 조선
- ❀ **명문** 없음
- ❀ **답사 난이도** ★ ★ ☆ ☆ ☆ (다소 쉬움)

전라남도

1. 강진 월출산 삼존골 마애삼존불

- ❀ **소재지** 전라남도 강진군 성전면 월남리 산116—3_정상 부근
- ❀ **조성연대** 통일신라 또는 고려
- ❀ **명문** 없음
- ❀ **답사 난이도** ★ ★ ★ ★ ★ (매우 어려움)

260

2. 구례 사성암 마애불

✶ **소재지**　전라남도 구례군 문척면 사성암길 303_오산 정상 부근

✶ **조성연대**　고려

✶ **문화재 번호**　전남 유형문화재 제220호

✶ **명문**　없음

✶ **답사 난이도**　★★☆☆☆ (다소 쉬움)

3. 담양 궁산리 마애불입상

✶ **소재지**　전라남도 담양군 수북면 궁산리 산71_투구봉 중턱

✶ **조성연대**　고려

✶ **문화재 번호**　담양 향토유적 제2—2호

✶ **명문**　없음

✶ **답사 난이도**　★★★★☆ (어려움)

4. 담양 궁산리 마애불좌상

✶ **소재지**　전라남도 담양군 수북면 궁산리 산71_투구봉 중턱

✶ **조성연대**　고려

✶ **문화재 번호**　담양 향토유적 제2—3호

✶ **명문**　없음

✶ **답사 난이도**　★★★★☆ (어려움)

5. 담양 영천리 마애불

✶ **소재지**　전라남도 담양군 무정면 영천리 산52_영천산 입구

✶ **조성연대**　고려

✶ **문화재 번호**　담양 향토유적 제2—1호

✶ **명문**　없음

⁂ 답사 난이도 ★★★☆☆ (무난함)

6. 보성 매현리 마애불

⁂ **소재지** 전라남도 보성군 조성면 매현리 산5_봉두산 중턱
⁂ **조성연대** 고려
⁂ **명문** 없음
⁂ **답사 난이도** ★★★☆☆ (무난함)

7. 보성 사곡리 마애불

⁂ **소재지** 전라남도 보성군 겸백면 사곡리 산2_초암산 정상 부근
⁂ **조성연대** 고려
⁂ **명문** 없음
⁂ **답사 난이도** ★★★★☆ (어려움)

8. 보성 유신리 마애불

⁂ **소재지** 전라남도 보성군 율어면 유신길 195(일월사)_존제산 중턱
⁂ **조성연대** 나말여초
⁂ **문화재 번호** 보물 제944호
⁂ **명문** 없음
⁂ **답사 난이도** ★★☆☆☆ (다소 쉬움)

9. 보성 해평리 마애불

⁂ **소재지** 전라남도 보성군 득량면 해평리 산75_오봉산 중턱
⁂ **조성연대** 고려
⁂ **명문** 없음
⁂ **답사 난이도** ★★★☆☆ (무난함)

10. 순천 석현동 마애불

　　✖ **소재지**　전라남도 순천시 조비길 103_비봉산 중턱
　　✖ **조성연대**　고려
　　✖ **명문**　없음
　　✖ **답사 난이도**　★★★★☆ (어려움)

11. 순천 선암사 마애불입상

　　✖ **소재지**　전라남도 순천시 승주읍 선암사길 450_조계산 입구
　　✖ **조성연대**　고려
　　✖ **문화재 번호**　전남 문화재자료 제157호
　　✖ **명문**　없음
　　✖ **답사 난이도**　★★☆☆☆ (다소 쉬움)

12. 순천 선암사 마애불좌상

　　✖ **소재지**　전라남도 순천시 승주읍 선암사길 450_조계산 입구
　　✖ **조성연대**　대한제국(1904)
　　✖ **명문**　있음
　　✖ **답사 난이도**　★★☆☆☆ (다소 쉬움)

13. 영암 월곡리 마애불

　　✖ **소재지**　전라남도 영암군 군서면 월곡리 산1—1_월출산 정상 부근
　　✖ **조성연대**　고려
　　✖ **문화재 번호**　전남 유형문화재 제149호
　　✖ **명문**　없음
　　✖ **답사 난이도**　★★★★★ (매우 어려움)

14. 영암 월출산 마애불 3장—5

  ❋ **소재지**   전라남도 영암군 영암읍 회문리 산26—8_구정봉 정상 부근
  ❋ **조성연대**   나말여초
  ❋ **문화재 번호**   국보 제144호
  ❋ **명문**   없음
  ❋ **답사 난이도**   ★★★★★ (매우 어려움)

15. 영암 월출산 칠치계곡 마애불

  ❋ **소재지**   전라남도 영암군 영암읍 개신리 산89—1_산 중턱
  ❋ **조성연대**   고려
  ❋ **명문**   없음
  ❋ **답사 난이도**   ★★★★★ (매우 어려움)

16. 장성 유탕리 마애불

  ❋ **소재지**   전라남도 장성군 장성읍 유탕리 81—2_불태산 정상 부근
  ❋ **조성연대**   고려
  ❋ **명문**   없음
  ❋ **답사 난이도**   ★★★★☆ (어려움)

17. 장흥 구룡리 마애불

  ❋ **소재지**   전라남도 장흥군 부산면 구룡리 산57_수인산 입구
  ❋ **조성연대**   고려
  ❋ **문화재 번호**   전남 유형문화재 제193호
  ❋ **명문**   없음
  ❋ **답사 난이도**   ★★☆☆☆ (다소 쉬움)

18. 장흥 송암리 마애불

　　✕ **소재지**　전라남도 장흥군 장흥읍 송암리 산43―1_산 입구
　　✕ **조성연대**　여말선초 또는 조선
　　✕ **명문**　없음
　　✕ **답사 난이도**　★★★☆☆ (무난함)

19. 진도 금골산 마애불　2장―7

　　✕ **소재지**　전라남도 진도군 군내면 둔전리 산75―1_정상 부근
　　✕ **조성연대**　조선
　　✕ **문화재 번호**　전남 문화재자료 제110호
　　✕ **명문**　없음
　　✕ **답사 난이도**　★★★☆☆ (무난함)

20. 진도 향동리 마애불

　　✕ **소재지**　전라남도 진도군 고군면 향동리 산238_매봉산 중턱
　　✕ **조성연대**　조선
　　✕ **명문**　없음
　　✕ **답사 난이도**　★★★☆☆ (무난함)

21. 함평 고산사터 마애불

　　✕ **소재지**　전라남도 함평군 대동면 향교리 산1―1_고산봉 정상 부근
　　✕ **조성연대**　고려
　　✕ **명문**　없음
　　✕ **답사 난이도**　★★★★☆ (어려움)

22. 함평 군유산 마애불상군

　　❈ **소재지**　　전라남도 함평군 손불면 북성리 산7—2_산 정상 부근
　　❈ **조성연대**　　고려
　　❈ **명문**　　없음
　　❈ **답사 난이도**　　★★★☆☆ (무난함)

23. 해남 고도리 마애불

　　❈ **소재지**　　전라남도 해남군 해남읍 안동리 2—1_마을 밭
　　❈ **조성연대**　　미상
　　❈ **명문**　　없음
　　❈ **답사 난이도**　　★★☆☆☆ (다소 쉬움)

24. 해남 대흥사 남미륵암 마애불

　　❈ **소재지**　　전라남도 해남군 삼산면 대흥사길 400_두륜산 정상 부근
　　❈ **조성연대**　　고려
　　❈ **명문**　　없음
　　❈ **답사 난이도**　　★★★★☆ (어려움)

25. 해남 대흥사 북미륵암 마애불

　　❈ **소재지**　　전라남도 해남군 삼산면 대흥사길 400_두륜산 정상 부근
　　❈ **조성연대**　　나말여초
　　❈ **문화재 번호**　　국보 제308호
　　❈ **명문**　　없음
　　❈ **답사 난이도**　　★★★★☆ (어려움)

26. 해남 성진리 마애불

※ **소재지** 전라남도 해남군 계곡면 법곡리 1225—2_마을 밭
※ **조성연대** 미상
※ **명문** 없음
※ **답사 난이도** ★★☆☆☆ (다소 쉬움)

27. 화순 석불암 마애불

※ **소재지** 전라남도 화순군 이서면 도원길 40—27_무등산 정상 부근
※ **조성연대** 일제 강점기(1933)
※ **문화재 번호** 화순 향토유적 제29호
※ **명문** 없음
※ **답사 난이도** ★★★★☆ (어려움)

28. 화순 운주사 마애불

※ **소재지** 전라남도 화순군 도암면 대초리 산115_산 입구
※ **조성연대** 고려
※ **문화재 번호** 전남 유형문화재 제275호
※ **명문** 없음
※ **답사 난이도** ★★☆☆☆ (다소 쉬움)

29. 광주 용진산 마애불

※ **소재지** 광주광역시 광산구 원사호길 55—43_산 중턱
※ **조성연대** 조선
※ **문화재 번호** 광주 문화재자료 제11호
※ **명문** 있음
※ **답사 난이도** ★★★☆☆ (무난함)

30. 광주 운천사 마애불

- ✂ **소재지**   광주광역시 서구 쌍촌동 903−18_도심
- ✂ **조성연대**   고려
- ✂ **문화재 번호**   광주 유형문화재 제4호
- ✂ **명문**   없음
- ✂ **답사 난이도**   ★☆☆☆☆ (쉬움)

경상북도

1. 경산 원효암 마애불

- ✂ **소재지**   경상북도 경산시 와촌면 갓바위로 386−73_팔공산 중턱
- ✂ **조성연대**   통일신라
- ✂ **문화재 번호**   경북 유형문화재 제386호
- ✂ **명문**   없음
- ✂ **답사 난이도**   ★★★☆☆ (무난함)

2. 구미 금오산 마애불

- ✂ **소재지**   경상북도 구미시 금오산로 433−3_정상 부근
- ✂ **조성연대**   고려
- ✂ **문화재 번호**   보물 제490호
- ✂ **명문**   없음
- ✂ **답사 난이도**   ★★★★★ (매우 어려움)

3. 구미 시미동 마애삼존불

- ✂ **소재지**   경상북도 구미시 시미동 산40_산 중턱

✎ **조성연대**   미상

✎ **명문**   없음

✎ **답사 난이도**   ★★★☆☆ (무난함)

4. 구미 황상동 마애불

✎ **소재지**   경상북도 구미시 옥계2공단로 91—26_고개 중턱

✎ **조성연대**   나말여초

✎ **문화재 번호**   보물 제1122호

✎ **명문**   없음

✎ **답사 난이도**   ★☆☆☆☆ (쉬움)

5. 군위 불로리 마애보살

✎ **소재지**   경상북도 군위군 효령면 불로리 산1—1_길가

✎ **조성연대**   여말선초

✎ **문화재 번호**   경북 유형문화재 제265호

✎ **명문**   없음

✎ **답사 난이도**   ★☆☆☆☆ (쉬움)

6. 군위 위성리 마애삼존불

✎ **소재지**   경상북도 군위군 소보면 위성리 산21—1_길가

✎ **조성연대**   신라

✎ **명문**   없음

✎ **답사 난이도**   ★☆☆☆☆ (쉬움)

7. 김천 극락산 마애불

✎ **소재지**   경상북도 김천시 봉산면 상금리 산142_정상 부근

✕ **조성연대**   미상

✕ **명문**   없음

✕ **답사 난이도**   ★★★★☆ (어려움)

8. 김천 은기리 마애보살

✕ **소재지**   경상북도 김천시 어모면 은기리 261_난함산 입구

✕ **조성연대**   고려

✕ **문화재 번호**   경북 유형문화재 제247호

✕ **명문**   없음

✕ **답사 난이도**   ★☆☆☆☆ (쉬움)

9. 문경 대승사 마애불

✕ **소재지**   경상북도 문경시 산북면 전두리 산109_공덕산 중턱

✕ **조성연대**   고려

✕ **문화재 번호**   경북 유형문화재 제239호

✕ **명문**   없음

✕ **답사 난이도**   ★★☆☆☆ (다소 쉬움)

10. 문경 대승사 사면석불

✕ **소재지**   경상북도 문경시 산북면 전두리 산38—1_공덕산 중턱

✕ **조성연대**   신라 또는 고려

✕ **문화재 번호**   경북 유형문화재 제403호

✕ **명문**   없음

✕ **답사 난이도**   ★★★☆☆ (무난함)

11. 문경 반곡리 마애불

　　✄ **소재지**　　경상북도 문경시 산양면 반곡리 산3_산 중턱

　　✄ **조성연대**　　고려

　　✄ **명문**　　없음

　　✄ **답사 난이도**　　★★☆☆☆ (다소 쉬움)

12. 문경 봉암사 마애보살 3장—1

　　✄ **소재지**　　경상북도 문경시 가은읍 원북길 313_희양산 중턱

　　✄ **조성연대**　　여말선초

　　✄ **문화재 번호**　　경북 유형문화재 제121호

　　✄ **명문**　　없음

　　✄ **답사 난이도**　　★★★☆☆ (무난함)

13. 문경 봉정리 마애불

　　✄ **소재지**　　경상북도 문경시 산양면 봉정리 산56_월방산 중턱

　　✄ **조성연대**　　통일신라

　　✄ **문화재 번호**　　경북 유형문화재 제308호

　　✄ **명문**　　없음

　　✄ **답사 난이도**　　★★★☆☆ (무난함)

14. 봉화 동면리 마애불

　　✄ **소재지**　　경상북도 봉화군 재산면 동면리 2089—3_산 입구

　　✄ **조성연대**　　통일신라

　　✄ **문화재 번호**　　경북 유형문화재 제273호

　　✄ **명문**　　없음

　　✄ **답사 난이도**　　★☆☆☆☆ (쉬움)

15. 봉화 봉성리 마애불

  ✄ **소재지**   경상북도 봉화군 봉성면 봉성리 603—1_마을 입구
  ✄ **조성연대**   고려
  ✄ **문화재 번호**   경북 유형문화재 제132호
  ✄ **명문**   없음
  ✄ **답사 난이도**   ★☆☆☆☆ (쉬움)

16. 봉화 북지리 마애불

  ✄ **소재지**   경상북도 봉화군 물야면 북지리 657—2(지림사)_호골산 입구
  ✄ **조성연대**   신라 말 또는 통일신라 초
  ✄ **문화재 번호**   국보 제201호
  ✄ **명문**   없음
  ✄ **답사 난이도**   ★☆☆☆☆ (쉬움)

17. 봉화 북지리 마애삼존불

  ✄ **소재지**   경상북도 봉화군 물야면 북지리 657—2(지림사)_호골산 입구
  ✄ **조성연대**   미상
  ✄ **명문**   없음
  ✄ **답사 난이도**   ★☆☆☆☆ (쉬움)

18. 상주 도곡리 마애불

  ✄ **소재지**   경상북도 상주시 공성면 도곡리 644_고개 입구
  ✄ **조성연대**   고려
  ✄ **명문**   없음
  ✄ **답사 난이도**   ★★☆☆☆ (다소 쉬움)

19. 상주 평지리 마애불

✶ **소재지**   경상북도 상주시 내서면 평지리 산181_비로골 중턱

✶ **조성연대**   통일신라 또는 고려

✶ **명문**   없음

✶ **답사 난이도**   ★★★☆☆ (무난함)

20. 안동 옥산사 마애불

✶ **소재지**   경상북도 안동시 북후면 벽절길 137_정상 부근

✶ **조성연대**   통일신라

✶ **문화재 번호**   경북 유형문화재 제181호

✶ **명문**   없음

✶ **답사 난이도**   ★★☆☆☆ (다소 쉬움)

21. 안동 이천동 마애불

✶ **소재지**   경상북도 안동시 이천동 산2_길가

✶ **조성연대**   고려

✶ **문화재 번호**   보물 제115호

✶ **명문**   없음

✶ **답사 난이도**   ★☆☆☆☆ (쉬움)

22. 영주 가흥동 마애삼존불 및 마애불

✶ **소재지**   경상북도 영주시 가흥동 264—2_서천가

✶ **조성연대**   통일신라

✶ **문화재 번호**   보물 제221호

✶ **명문**   없음

✶ **답사 난이도**   ★☆☆☆☆ (쉬움)

23. 영주 강동리 마애보살

- ✖ **소재지**　경상북도 영주시 평은면 강동리 산87—9_산 입구
- ✖ **조성연대**　고려
- ✖ **문화재 번호**　경북 문화재자료 제474호
- ✖ **명문**　없음
- ✖ **답사 난이도**　★☆☆☆☆ (쉬움)

24. 영주 두월리 마애불

- ✖ **소재지**　경상북도 영주시 이산면 두월리 산83_고개 입구
- ✖ **조성연대**　나말여초
- ✖ **문화재 번호**　경북 문화재자료 제223호
- ✖ **명문**　없음
- ✖ **답사 난이도**　★★☆☆☆ (다소 쉬움)

25. 영주 신암리 마애삼존불

- ✖ **소재지**　경상북도 영주시 이산면 신암리 1439—30_논 중간
- ✖ **조성연대**　통일신라
- ✖ **문화재 번호**　보물 제680호
- ✖ **명문**　없음
- ✖ **답사 난이도**　★☆☆☆☆ (쉬움)

26. 영주 월호리 마애불

- ✖ **소재지**　경상북도 영주시 문수면 월호리 1152_마을 입구
- ✖ **조성연대**　나말여초
- ✖ **문화재 번호**　경북 문화재자료 제243호
- ✖ **명문**　없음

※ **답사 난이도** ★☆☆☆☆ (쉬움)

27. 영주 휴천동 마애불

※ **소재지** 경상북도 영주시 대학로 77_서천가

※ **조성연대** 고려 또는 조선

※ **문화재 번호** 경북 문화재자료 제504호

※ **명문** 없음

※ **답사 난이도** ★★☆☆☆ (다소 쉬움)

28. 영주 흑석사 마애삼존불

※ **소재지** 경상북도 영주시 이산면 이산로 390—40_산 입구

※ **조성연대** 나말여초

※ **문화재 번호** 경북 문화재자료 제355호

※ **명문** 없음

※ **답사 난이도** ★★☆☆☆ (다소 쉬움)

29. 의성 생송리 마애보살

※ **소재지** 경상북도 의성군 단밀면 생송리 산175—13_낙동강가

※ **조성연대** 고려

※ **문화재 번호** 경북 유형문화재 제432호

※ **명문** 없음

※ **답사 난이도** ★☆☆☆☆ (쉬움)

30. 청도 장육산 마애불

※ **소재지** 경상북도 청도군 운문면 지촌리 산18_정상 부근

※ **조성연대**   조선

※ **문화재 번호**   경북 유형문화재 제393호

※ **명문**   없음

※ **답사 난이도**   ★★★★☆ (어려움)

31. 칠곡 노석리 마애불상군

※ **소재지**   경상북도 칠곡군 기산면 노석리 산43—2_도고산 중턱

※ **조성연대**   통일신라

※ **문화재 번호**   보물 제655호

※ **명문**   없음

※ **답사 난이도**   ★★★☆☆ (무난함)

32. 대구 도동 마애불

※ **소재지**   대구광역시 동구 둔산로 502—22(미륵사)_산 입구

※ **조성연대**   미상

※ **명문**   없음

※ **답사 난이도**   ★☆☆☆☆ (쉬움)

33. 대구 동화사 마애불

※ **소재지**   대구광역시 동구 팔공산로237길 147_팔공산 중턱

※ **조성연대**   통일신라

※ **문화재 번호**   보물 제243호

※ **명문**   없음

※ **답사 난이도**   ★☆☆☆☆ (쉬움)

34. 대구 동화사 염불암 마애불 및 마애보살

　　✖ **소재지**　대구광역시 동구 동화사1길 1_팔공산 정상 부근
　　✖ **조성연대**　고려
　　✖ **문화재 번호**　대구 유형문화재 제14호
　　✖ **명문**　없음
　　✖ **답사 난이도**　★★★★☆ (어려움)

35. 대구 신무동 마애불

　　✖ **소재지**　대구광역시 동구 용천로 438―12_팔공산 중턱
　　✖ **조성연대**　고려
　　✖ **문화재 번호**　대구 유형문화재 제18호
　　✖ **명문**　없음
　　✖ **답사 난이도**　★★☆☆☆ (다소 쉬움)

36. 대구 신무동 삼성암터 마애불

　　✖ **소재지**　대구광역시 동구 신무동 산16_팔공산 정상 부근
　　✖ **조성연대**　나말여초
　　✖ **문화재 번호**　대구 유형문화재 제21호
　　✖ **명문**　없음
　　✖ **답사 난이도**　★★★★☆ (어려움)

37. 대구 용수동 마애불

　　✖ **소재지**　대구광역시 동구 용수동 274_팔공산 중턱
　　✖ **조성연대**　미상
　　✖ **명문**　없음
　　✖ **답사 난이도**　★★☆☆☆ (다소 쉬움)

38. 대구 읍내동 마애불상군

✸ **소재지**　대구광역시 북구 칠곡중앙대로129길 169—3_산 입구
✸ **조성연대**　신라 또는 근세
✸ **명문**　없음
✸ **답사 난이도**　★☆☆☆☆ (쉬움)

39. 대구 팔공산 동봉 마애불

✸ **소재지**　대구광역시 동구 용수동 산1—4_정상 부근
✸ **조성연대**　통일신라
✸ **문화재 번호**　대구 유형문화재 제20호
✸ **명문**　없음
✸ **답사 난이도**　★★★★★ (매우 어려움)

40. 대구 팔공산 마애불

✸ **소재지**　대구광역시 동구 용수동 산1_정상 부근
✸ **조성연대**　통일신라
✸ **문화재 번호**　대구 유형문화재 제3호
✸ **명문**　없음
✸ **답사 난이도**　★★★★★ (매우 어려움)

경주시

1. 골굴암 마애불

✸ **소재지**　경상북도 경주시 양북면 기림로 101—5_산 입구
✸ **조성연대**　통일신라

※ **문화재 번호**   보물 제581호

※ **명문**   없음

※ **답사 난이도**   ★★☆☆☆ (다소 쉬움)

2. 방내리 마애불

※ **소재지**   경상북도 경주시 건천읍 방내리 산91—3_단석산 정상 부근

※ **조성연대**   통일신라

※ **명문**   없음

※ **답사 난이도**   ★★★★★ (매우 어려움)

3. 송선리 마애불

※ **소재지**   경상북도 경주시 건천읍 송선리 산44_단석산 정상 부근

※ **조성연대**   나말여초

※ **문화재 번호**   경북 유형문화재 제515호

※ **답사 난이도**   ★★★★★ (매우 어려움)

4. 단석산 신선사 마애불상군

※ **소재지**   경상북도 경주시 건천읍 단석산길 175—143_정상 부근

※ **조성연대**   신라

※ **문화재 번호**   국보 제199호

※ **명문**   있음

※ **답사 난이도**   ★★★☆☆ (무난함)

5. 율동 마애삼존불

※ **소재지**   경상북도 경주시 두대안길 69_벽도산 입구

※ **조성연대**   통일신라

∗ **문화재 번호**　　보물 제122호

∗ **명문**　　없음

∗ **답사 난이도**　　★ ★ ☆ ☆ ☆ (다소 쉬움)

6. 율동 사당골 마애열반상

∗ **소재지**　　경상북도 경주시 율동 산42_벽도산 중턱

∗ **조성연대**　　고려 또는 근세

∗ **명문**　　있음

∗ **답사 난이도**　　★ ★ ★ ☆ ☆ (무난함)

7. 서악동 마애삼존불

∗ **소재지**　　경상북도 경주시 서악4길 80―100(성모사)_선도산 정상 부근

∗ **조성연대**　　통일신라

∗ **문화재 번호**　　보물 제62호

∗ **명문**　　있음

∗ **답사 난이도**　　★ ★ ★ ★ ☆ (어려움)

8. 굴불사터 사면석불

∗ **소재지**　　경상북도 경주시 동천동 산4_소금강산 입구

∗ **조성연대**　　통일신라

∗ **문화재 번호**　　보물 제121호

∗ **명문**　　없음

∗ **답사 난이도**　　★ ★ ☆ ☆ ☆ (다소 쉬움)

9. 동천동 마애보살

∗ **소재지**　　경상북도 경주시 동천동 산23_길가

※ **조성연대** 통일신라
※ **명문** 없음
※ **답사 난이도** ★☆☆☆☆ (쉬움)

10. 동천동 마애삼존불

※ **소재지** 경상북도 경주시 용강동 산67_소금강산 정상 부근
※ **조성연대** 통일신라
※ **문화재 번호** 경북 유형문화재 제194호
※ **명문** 없음
※ **답사 난이도** ★★★☆☆ (무난함)

11. 동천동 소금강산 마애불

※ **소재지** 경상북도 경주시 동천동 산18–2_소금강산 중턱
※ **조성연대** 신라
※ **명문** 없음
※ **답사 난이도** ★★☆☆☆ (다소 쉬움)

12. 낭산 마애보살삼존

※ **소재지** 경상북도 경주시 윗내리길 29–12(중생사)_낭산 입구
※ **조성연대** 통일신라
※ **문화재 번호** 보물 제665호
※ **명문** 없음
※ **답사 난이도** ★☆☆☆☆ (쉬움)

13. 남산 보리사 마애불

※ **소재지** 경상북도 경주시 남산동 산66_산 중턱

✖ **조성연대**   통일신라

✖ **문화재 번호**   경북 유형문화재 제193호

✖ **명문**   없음

✖ **답사 난이도**   ★ ★ ☆ ☆ ☆ (다소 쉬움)

14. 남산 탑골 마애불상군 1장―4

✖ **소재지**   경상북도 경주시 탑골길 36_산 입구

✖ **조성연대**   신라 또는 통일신라

✖ **문화재 번호**   보물 제201호

✖ **명문**   없음

✖ **답사 난이도**   ★ ★ ☆ ☆ ☆ (다소 쉬움)

15. 남산 탑골 입구 마애불상군

✖ **소재지**   경상북도 경주시 탑골길 8―21(월정사)_산 입구

✖ **조성연대**   통일신라 후기 이후

✖ **명문**   없음

✖ **답사 난이도**   ★ ★ ☆ ☆ ☆ (다소 쉬움)

16. 남산 탑골 마애불_미완성

✖ **소재지**   경상북도 경주시 배반동 산69_산 중턱

✖ **조성연대**   미상

✖ **명문**   없음

✖ **답사 난이도**   ★ ★ ★ ☆ ☆ (무난함)

17. 남산 부처골 마애불

✖ **소재지**   경상북도 경주시 인왕동 산56_산 중턱

※ **조성연대**　신라

※ **문화재 번호**　보물 제198호

※ **명문**　없음

※ **답사 난이도**　★★★☆☆ (무난함)

18. 남산 오산골 마애불 3장—4

※ **소재지**　경상북도 경주시 남산동 산36—5_산 중턱

※ **조성연대**　미상

※ **명문**　없음

※ **답사 난이도**　★★★☆☆ (무난함)

19. 남산 신선암 마애보살

※ **소재지**　경상북도 경주시 칠불암길 201_봉화골 정상 부근

※ **조성연대**　통일신라

※ **문화재 번호**　보물 제199호

※ **명문**　없음

※ **답사 난이도**　★★★★☆ (어려움)

20. 남산 칠불암 마애불상군

※ **소재지**　경상북도 경주시 칠불암길 201_봉화골 정상 부근

※ **조성연대**　통일신라

※ **문화재 번호**　국보 제312호

※ **명문**　없음

※ **답사 난이도**　★★★★☆ (어려움)

21. 남산 지바위골 마애불

  ✵ **소재지**　경상북도 경주시 남산동 산36―1_정상 부근
  ✵ **조성연대**　통일신라 또는 근세
  ✵ **명문**　없음
  ✵ **답사 난이도**　★★★★☆ (어려움)

22. 남산 윤을곡 마애불

  ✵ **소재지**　경상북도 경주시 배동 산15―1_산 중턱
  ✵ **조성연대**　통일신라 흥덕왕 10년(835)
  ✵ **문화재 번호**　경북 유형문화재 제195호
  ✵ **명문**　있음
  ✵ **답사 난이도**　★★★☆☆ (무난함)

23. 남산 부엉골 마애불

  ✵ **소재지**　경상북도 경주시 남산순환로 341―126_산 중턱
  ✵ **조성연대**　통일신라
  ✵ **명문**　없음
  ✵ **답사 난이도**　★★★☆☆ (무난함)

24. 남산 선방골 마애불

  ✵ **소재지**　경상북도 경주시 배동 산47_산 중턱
  ✵ **조성연대**　나말여초
  ✵ **명문**　없음
  ✵ **답사 난이도**　★★★★☆ (어려움)

25. 남산 삼릉골 마애관음보살

✶ **소재지** 경상북도 경주시 배동 산69_산 중턱

✶ **조성연대** 통일신라

✶ **문화재 번호** 경북 유형문화재 제19호

✶ **명문** 없음

✶ **답사 난이도** ★★★☆☆ (무난함)

26. 남산 삼릉골 마애선각육존불

✶ **소재지** 경상북도 경주시 배동 산70_산 중턱

✶ **조성연대** 통일신라

✶ **문화재 번호** 경북 유형문화재 제21호

✶ **명문** 없음

✶ **답사 난이도** ★★★☆☆ (무난함)

27. 남산 삼릉골 마애불

✶ **소재지** 경상북도 경주시 남산순환로 341—126_산 중턱

✶ **조성연대** 고려

✶ **문화재 번호** 경북 유형문화재 제159호

✶ **명문** 없음

✶ **답사 난이도** ★★★☆☆ (무난함)

28. 남산 삼릉골 마애불_상체

✶ **소재지** 경상북도 경주시 남산순환로 341—126_산 중턱

✶ **조성연대** 미상

✶ **명문** 없음

✶ **답사 난이도** ★★★☆☆ (무난함)

29. 남산 삼릉골 상선암 마애불

　　✂ **소재지**　경상북도 경주시 남산순환로 341—126_정상 부근
　　✂ **조성연대**　통일신라
　　✂ **문화재 번호**　경북 유형문화재 제158호
　　✂ **명문**　없음
　　✂ **답사 난이도**　★★★★☆ (어려움)

30. 남산 삼릉골 암봉 마애불

　　✂ **소재지**　경상북도 경주시 배동 산46_정상 부근
　　✂ **조성연대**　미상
　　✂ **명문**　없음
　　✂ **답사 난이도**　★★★★☆ (어려움)

31. 남산 약수골 마애불

　　✂ **소재지**　경상북도 경주시 내남면 용장리 산1—1_정상 부근
　　✂ **조성연대**　통일신라
　　✂ **문화재 번호**　경북 유형문화재 제114호
　　✂ **명문**　없음
　　✂ **답사 난이도**　★★★★☆ (어려움)

32. 남산 용장사터 마애불

　　✂ **소재지**　경상북도 경주시 내남면 용장리 산1—1_용장골 정상 부근
　　✂ **조성연대**　통일신라
　　✂ **문화재 번호**　보물 제913호
　　✂ **명문**　있음
　　✂ **답사 난이도**　★★★★☆ (어려움)

33. 백운대 마애불

 ❈ **소재지** 　 경상북도 경주시 내남면 내외로 1090—80_마석산 정상 부근
 ❈ **조성연대** 　 통일신라
 ❈ **문화재 번호** 　 경북 유형문화재 제206호
 ❈ **명문** 　 없음
 ❈ **답사 난이도** 　 ★★☆☆☆ (다소 쉬움)

경상남도

1. 거창 가섭암터 마애삼존불 1장—1

 ❈ **소재지** 　 경상남도 거창군 위천면 상천리 산6—2_금원산 중턱
 ❈ **조성연대** 　 고려 예종 6년(1111)
 ❈ **문화재 번호** 　 보물 제530호
 ❈ **명문** 　 있음
 ❈ **답사 난이도** 　 ★★★☆☆ (무난함)

2. 김해 구산동 마애불

 ❈ **소재지** 　 경상남도 김해시 구산동 산2_분성산 중턱
 ❈ **조성연대** 　 나말여초
 ❈ **문화재 번호** 　 경남 유형문화재 제186호
 ❈ **명문** 　 없음
 ❈ **답사 난이도** 　 ★★★☆☆ (무난함)

3. 김해 봉화산 마애불

 ❈ **소재지** 　 경상남도 김해시 진영읍 본산리 산3—18_산 중턱

※ **조성연대** 고려
※ **문화재 번호** 경남 유형문화재 제40호
※ **명문** 없음
※ **답사 난이도** ★★☆☆☆ (다소 쉬움)

4. 김해 불암동 마애불

※ **소재지** 경상남도 김해시 구지로180번길 23—1(연화사)_도심
※ **조성연대** 미상
※ **명문** 없음
※ **답사 난이도** ★☆☆☆☆ (쉬움)

5. 김해 신안리 마애삼존불

※ **소재지** 경상남도 김해시 진례면 신안리 590_산 중턱
※ **조성연대** 나말여초
※ **명문** 없음
※ **답사 난이도** ★★★☆☆ (무난함)

6. 김해 유하리 마애불

※ **소재지** 경상남도 김해시 가야의길 179(김해박물관 앞)_도심
※ **조성연대** 고려
※ **명문** 없음
※ **답사 난이도** ★☆☆☆☆ (쉬움)

7. 김해 초선대 마애불

※ **소재지** 경상남도 김해시 김해대로2580번길 21(금선사)_신어천가
※ **조성연대** 고려

※ **문화재 번호**   경남 유형문화재 제78호

※ **명문**   없음

※ **답사 난이도**   ★☆☆☆☆ (쉬움)

8. 밀양 호암산 마애삼존불

※ **소재지**   경상남도 밀양시 청도면 요고리 산426_산 중턱

※ **조성연대**   미상

※ **명문**   없음

※ **답사 난이도**   ★★★★☆ (어려움)

9. 산청 도전리 마애불상군 1장—9

※ **소재지**   경상남도 산청군 생비량면 도전리 산61—1_양천강가

※ **조성연대**   고려

※ **문화재 번호**   경남 유형문화재 제209호

※ **명문**   있음

※ **답사 난이도**   ★☆☆☆☆ (쉬움)

10. 양산 가산리 마애불

※ **소재지**   경상남도 양산시 동면 가산리 산1—1_금정산 정상 부근

※ **조성연대**   고려

※ **문화재 번호**   경남 유형문화재 제49호

※ **명문**   없음

※ **답사 난이도**   ★★★★★ (매우 어려움)

11. 양산 원효암 마애삼존불

※ **소재지**   경상남도 양산시 상북면 천성산길 727—82_천성산 정상 부근

※ **조성연대**　대한제국(1906)

※ **문화재 번호**　경남 유형문화재 제431호

※ **명문**　있음

※ **답사 난이도**　★★☆☆☆ (다소 쉬움)

12. 양산 통도사 자장암 마애삼존불

※ **소재지**　경상남도 양산시 하북면 통도사로 108_산 입구

※ **조성연대**　조선 고종33년(1896)

※ **명문**　있음

※ **답사 난이도**　★☆☆☆☆ (쉬움)

13. 양산 호계동 마애불

※ **소재지**　경상남도 양산시 호계길 96—144(석굴암)_천성산 중턱

※ **조성연대**　조선

※ **문화재 번호**　경남 유형문화재 제96호

※ **명문**　없음

※ **답사 난이도**　★★☆☆☆ (다소 쉬움)

14. 울산 남목동 마애불

※ **소재지**　울산광역시 동구 남목1동 산30_마골산 중턱

※ **조성연대**　통일신라

※ **명문**　없음

※ **답사 난이도**　★★★☆☆ (무난함)

15. 울산 어물동 마애삼존불

※ **소재지**　울산광역시 북구 어물동 산121_산 입구

※ **조성연대**   통일신라

※ **문화재 번호**   울산 유형문화재 제6호

※ **명문**   없음

※ **답사 난이도**   ★★☆☆☆ (다소 쉬움)

16. 창녕 감리 마애불

※ **소재지**   경상남도 창녕군 고암면 감리 산64_화왕산 중턱

※ **조성연대**   통일신라

※ **문화재 번호**   경남 유형문화재 제46호

※ **명문**   없음

※ **답사 난이도**   ★★★☆☆ (무난함)

17. 창녕 송현동 마애불

※ **소재지**   경상남도 창녕군 창녕읍 화왕산로 55—12_화왕산 입구

※ **조성연대**   통일신라

※ **문화재 번호**   보물 제75호

※ **명문**   없음

※ **답사 난이도**   ★★☆☆☆ (다소 쉬움)

18. 창원 삼정자동 마애불

※ **소재지**   경상남도 창원시 성산구 성주동 174—1_대암산 입구

※ **조성연대**   통일신라

※ **문화재 번호**   경남 유형문화재 제98호

※ **명문**   없음

※ **답사 난이도**   ★★☆☆☆ (다소 쉬움)

19. 하동 금오산 마애불

✘ **소재지**　경상남도 하동군 금남면 경충로 493—223_정상 부근
✘ **조성연대**　고려
✘ **문화재 번호**　경남 유형문화재 제290호
✘ **명문**　없음
✘ **답사 난이도**　★ ★ ★ ☆ ☆ (무난함)

20. 하동 쌍계사 마애불

✘ **소재지**　경상남도 하동군 화개면 쌍계사길 59_지리산 입구
✘ **조성연대**　고려
✘ **문화재 번호**　경남 문화재자료 제48호
✘ **명문**　없음
✘ **답사 난이도**　★ ★ ☆ ☆ ☆ (다소 쉬움)

21. 하동 이명산 마애불

✘ **소재지**　경상남도 하동군 북천면 직전리 산54_산 중턱
✘ **조성연대**　통일신라
✘ **문화재 번호**　경남 유형문화재 제136호
✘ **명문**　없음
✘ **답사 난이도**　★ ★ ★ ☆ ☆ (무난함)

22. 함안 방어산 마애삼존불

✘ **소재지**　경상남도 함안군 군북면 하림리 산131_산 중턱
✘ **조성연대**　통일신라 애장왕2년(801)
✘ **문화재 번호**　보물 제159호
✘ **명문**　있음

※ **답사 난이도** ★ ★ ★ ☆ ☆ (무난함)

23. 함양 대대리 마애불

※ **소재지** 경상남도 함양군 안의면 대대리 산40_정상 부근
※ **조성연대** 고려
※ **문화재 번호** 경남 유형문화재 제333호
※ **명문** 없음
※ **답사 난이도** ★ ★ ★ ★ ☆ (어려움)

24. 함양 대덕리 마애불

※ **소재지** 경상남도 함양군 함양읍 대덕리 159—22_산 중턱
※ **조성연대** 나말여초 또는 여말선초
※ **문화재 번호** 경남 유형문화재 제319호
※ **명문** 없음
※ **답사 난이도** ★ ★ ☆ ☆ ☆ (다소 쉬움)

25. 함양 덕전리 마애불

※ **소재지** 경상남도 함양군 마천면 덕전리 768—6(고담사)_산 중턱
※ **조성연대** 고려
※ **문화재 번호** 보물 제375호
※ **명문** 없음
※ **답사 난이도** ★ ★ ☆ ☆ ☆ (다소 쉬움)

26. 합천 치인리 마애불

※ **소재지** 경상남도 합천군 가야면 해인사길 85_가야산 정상 부근

※ **조성연대** 통일신라

※ **문화재 번호** 보물 제222호

※ **명문** 없음

※ **답사 난이도** ★ ★ ★ ★ ☆ (어려움)

27. 부산 옥련선원 마애보살

※ **소재지** 부산광역시 수영구 광남로257번길 58_백산 중턱

※ **조성연대** 조선

※ **문화재 번호** 부산 문화재자료 제7호

※ **명문** 없음

※ **답사 난이도** ★ ★ ☆ ☆ ☆ (다소 쉬움)

2. 화강암 판석에 새겨진 마애불

1. 경기 이천 동산리 마애불

※ **소재지** 경기도 이천시 호법면 동산리 산121_산 입구

※ **조성연대** 고려

※ **문화재 번호** 이천 향토유적 제9호

※ **명문** 없음

※ **답사 난이도** ★ ★ ☆ ☆ ☆ (다소 쉬움)

2. 이천 장암리 마애보살

   ※ **소재지**   경기도 이천시 마장면 장암리 183—4_마을 입구
   ※ **조성연대**   고려 경종 6년(981)
   ※ **문화재 번호**   보물 제982호
   ※ **명문**   있음
   ※ **답사 난이도**   ★☆☆☆☆ (쉬움)

3. 충남 예산 장신리 마애불

   ※ **소재지**   충청남도 예산군 광시면 장신리 516_마을 들판
   ※ **조성연대**   조선 세조 11년(1465)
   ※ **명문**   있음
   ※ **답사 난이도**   ★☆☆☆☆ (쉬움)

4. 세종 송용리 마애불

   ※ **소재지**   세종특별자치시 연동면 청연로 622—8_길가
   ※ **조성연대**   고려
   ※ **문화재 번호**   세종 문화재자료 제4호
   ※ **명문**   없음
   ※ **답사 난이도**   ★☆☆☆☆ (쉬움)

5. 전북 고창 암치리 선각석불

   ※ **소재지**   전라북도 고창군 성송면 암치리 234_산 입구
   ※ **조성연대**   고려
   ※ **문화재 번호**   전북 문화재자료 제182호
   ※ **명문**   없음
   ※ **답사 난이도**   ★★★☆☆ (무난함)

6. 경북 고령 개포동 석조보살

⚒ **소재지**　경상북도 고령군 개진면 개포리 87_산 입구

⚒ **조성연대**　고려 성종 4년(985)

⚒ **문화재 번호**　경북 유형문화재 제118호

⚒ **명문**　있음

⚒ **답사 난이도**　★★☆☆☆ (다소 쉬움)

7. 경북 성주 백운리 마애불

⚒ **소재지**　경상북도 성주군 수륜면 백운리 산56—1_가야산 정상 부근

⚒ **조성연대**　통일신라

⚒ **문화재 번호**　경북 문화재자료 제366호

⚒ **명문**　없음

⚒ **답사 난이도**　★★★★★ (매우 어려움)

참고 자료

1. 단행본

① 김부식, 이병도 역주, 『삼국사기』, 을유문화사, 2009.

② 신광희, 『한국의 나한도』, 한국미술연구소, 2014.

③ 유종문, 『이야기로 풀어쓴 조선왕조실록』, 아이템북스, 2013.

④ 이상각, 『열정과 자존의 오백년 고려사』, 들녘, 2010.

⑤ 이영, 『황국사관과 고려 말 왜구: 일본 근대 정치의 학문 개입과 역사 인식』, 에피스테메, 2015.

⑥ 이태호·이경화, 『한국의 마애불』, 다른세상, 2002.

⑦ 일연, 김원중 국역, 『삼국유사』, 신원문화사, 1997.

⑧ 정시한, 권오찬 외 3인 편찬, 『산중일기 상』, 원주시, 2012.

⑨ 정우택 외, 『고려 시대의 불화: 해설편』, 시공사, 1997.

⑩ 조규태, 『용비어천가』, 한국문화사, 2010.

⑪ 황수영, 『황수영전집 4: 금석유문』, 혜안, 1999.

2. 보고서

① 불교문화재연구소, 『한국의 사지 ― 현황조사 보고서上』, 문화재청, 2012.

② 임학종·조효식·전상훈, 『산청 도전리마애불상군』, 국립진주박물관, 2012.

3. 논문

① 고승희, 「금곡당 영환 작 천보산 불암사 괘불도 연구」, 『강좌미술사』, 한국미술사연구소, 제44호, 2015.

② 김길웅, 「가섭암지 마애삼존불에 대한 고찰」, 『신라문화』, 동국대 신라문화연구소, 제6집, 1989.

③ 김숙희, 「남산 마애불의 연구: 탑곡 사방불암·칠불암을 중심으로」, 대구대

석사논문, 1999.

④ 김순정, 「산청 도전리마애불상군 연구」, 동아대 석사논문, 2010.

⑤ 김진숙, 「기자(祈子) 신앙과 마애불」, 『역사와 교육』, 역사와 교육학회, 제15 집, 2012.

⑥ 김창호, 「경주 불상 2예에 대한 이설」, 『경주문화』, 경주문화원, 통권 제9 호, 2003.

⑦ 김춘실, 「하남시 교산동 '태평 2년명 마애약사여래좌상'의 조성시기 검토」, 『미술사연구』, 홍익미술사연구회, 16호, 2002.

⑧ 박성상, 「진천 태화4년명마애미륵불입상 소고」, 『문화사학』, 한국문화사 학회, 제16호, 2001.

⑨ 박윤희, 「경기지역 고려전기 마애불 연구」, 단국대 석사논문, 2016.

⑩ 성춘경, 「산청 도전리마애불군의 고찰」, 『문화사학』, 한국문화사학회, 제27 호, 2007.

⑪ 이경화, 「서울 '학도암 마애관음보살좌상' 연구」, 『미술사연구』, 홍익미술 사연구회, 통권 제16호, 2002.

⑫ 이경화, 「월출산 용암사지 마애불의 사적 해석」, 『한국사상과 문화』, 한국 사상문화학회, 제40집, 2007.

⑬ 이경화, 「파주 용미리 마애이불병립상의 조성시기와 배경; 성화7년 조성설 을 제기하며」, 『불교미술사학』, 통도사성보박물관 불교미술사학회, 제3집, 2005.

⑭ 이숙희, 「통일신라 시대 오방불의 도상 연구」, 『미술사연구』, 미술사연구회, 통권 제16호, 2002.

⑮ 이인영, 「고려 전기 홍산 마애불입상 일고찰」, 『동원학술논문집』, 한국고 고미술연구소, 제3집, 2000.

⑯ 정승연, 「고려 시대 석가삼존 십육나한도 연구」, 『삼성미술관 Leeum 연구 논문집』, 삼성문화재단, 제4호, 2008.

⑰ 홍대한, 「망경암 마애불상의 제작시기와 조성배경」, 『성남문화연구』, 성남 문화원, 제21호, 2014.

4. 누리집

① 문화재청(www.cha.go.kr)

② 한국고전종합DB(db.itkc.or.kr)

③ 한국금석문 종합영상정보시스템(gsm.nricp.go.kr)

④ 네이버 지식백과, 국역 고려사: '세가' '지' '열전'

⑤ 옛님의 숨결, 그 정취를 찾아(http://cafe.daum.net/moonhawje)

⑥ 목포대학교 역사학 심포지엄(http://cafe.daum.net/wolchulbuddhism)

미처 몰랐던 우리 역사
한국의 마애불

1판 1쇄 발행	2019년 9월 20일
1판 2쇄 발행	2020년 1월 20일

지은이	최복일
발행인	윤미소
발행처	(주)달아실출판사

책임편집	박제영
편집	함혜인
디자인	안수연
마케팅	배상휘

주소	강원도 춘천시 춘천로 17번길 37, 1층
전화	033-241-7661
팩스	033-241-7662
이메일	dalasilmoongo@naver.com
출판등록	2016년 12월 30일 제494호

ISBN 979-11-88710-41-6 03910

* 이 도서의 국립중앙도서관 출판예정도서목록(CIP)은 서지정보유통지원시스템 홈페이지(http://seoji.nl.go.kr)와 국가자료공동목록시스템(http://www.nl.go.kr/kolisnet)에서 이용하실 수 있습니다.(CIP제어번호 : CIP2019021682)
* 잘못된 책은 구입한 곳에서 바꿔드립니다.
* 책값은 뒤표지에 표시되어 있습니다.